Margit Kundt

HANS-ULRICH ENGEL

RITTER
PRIESTER
EUROPÄER

HANS-ULRICH ENGEL

RITTER
PRIESTER
EUROPÄER

800 Jahre Deutscher Orden

Verlagsanstalt »Bayerland« Dachau

Verlag:
Druckerei und Verlagsanstalt »Bayerland«
Anton Steigenberger,
8060 Dachau, Konrad-Adenauer-Straße 19,
in Zusammenarbeit mit der TR-Verlagsunion GmbH,
München

Gesamtherstellung:
Druckerei und Verlagsanstalt »Bayerland«
Anton Steigenberger,
8060 Dachau, Konrad-Adenauer-Straße 19

Alle Rechte der Verbreitung
(einschl. Film, Funk und Fernsehen) sowie der
fotomechanischen Wiedergabe und des
auszugsweisen Nachdrucks vorbehalten.
© Druckerei und Verlagsanstalt »Bayerland«
Anton Steigenberger, 8060 Dachau, 1990
Printed in Germany · ISBN 3-89251-077-6

Inhalt

	Seite
Vorwort	7
800 Jahre Vergangenheit – 800 Jahre gelebte Gegenwart	9
Ritterliche Hilfe im Heiligen Land	27
Rettungstat für Europa im Karpatenbogen	33
Mission und Staatsgründung	41
Von Königsberg bis Narwa	48
Vom Kreuz zur Herzogskrone	58
Zuflucht im Taubertal	65
Rettung im Land der Habsburger	83
Hoffnung trotz Verbot	94
Zukunft in Europa	102
Der Deutschherrenbund	108
Erbe und Verpflichtung	119
Liste der Obersten Gebietiger und Hochmeister von 1190 bis zur Gegenwart	127
Geschichtsübersicht	128
Glossar	130
Quellenverzeichnis	131
Bildnachweis	132

Vorwort

Vor 800 Jahren entsteht der Deutsche Orden als Hospitalgemeinschaft im Heiligen Land und erfährt schon bald nach der Gründung die Erweiterung um die ritterlich-militärische Komponente. Rasch verbreitet sich der Orden auch in Europa und hat zu Beginn des 14. Jahrhunderts bereits Niederlassungen von Spanien bis zum Finnischen Meerbusen und von den Niederlanden bis Sizilien und Griechenland. Die über 300 Konvente des Ordens, die ihm in den ersten 100 Jahren zugewachsen sind, werden zusammengehalten durch die Gliederung in Balleien.

Allgemein bekannt ist der ihm als Ritterorden aufgetragene Kampf gegen die Heiden, der Ordensstaat in Preußen und der Schwerpunkt des Ordens im baltischen Raum. Wenig bekannt ist die Tätigkeit des Ordens in den Balleien des Reiches und im Mittelmeergebiet. Vor allem aber gilt es, die kulturelle Tätigkeit, die über die beinahe modern anmutende Wirtschaftsführung hinaus Literatur, Architektur, Bildhauerei und Malerei betrifft, wiederzuentdecken.

Darüber hinaus verweist eine stattliche Anzahl von Barockbauwerken, wie die Kommenden Altshausen, Ellingen, Mergentheim oder auch Hitzkirch in der Schweiz und Sterzing in Südtirol, ebenfalls die Kommende auf der Insel Mainau und das Jagdschloß Augustusburg in Brühl auf begabte Deutschordensbaumeister und auf kunstinteressierte Auftraggeber wie Hochmeister Clemens August von Bayern.

Durch Napoleon auf den Raum der Habsburger-Monarchie begrenzt, ist der Deutsche Orden nach der Reorganisation als geistlicher Orden heute in seinen drei Zweigen als Priester- und Laienbrüder, als Schwesternkongregation und als Familiareninstitut tätig im sozial-karitativen Bereich vom Säuglingsheim bis zu Altenpflege und -wohnheimen und in der Seelsorge.

Möge die Rückbesinnung auf den Geist der Gründer und die 800 Jahre Geschichte dem Orden heute einen neuen Aufschwung in der Nachfolge Jesu Christi erwirken.

Die Sendereihe im Bayerischen Rundfunk zeugt von der Vielfalt des Wirkens des Deutschen Ordens, dessen Zeichen das schwarze Kreuz auf weißem Grund bildet. Diesem Band, der einen interessanten und lebendigen Beitrag über den einmal die Geschichte Europas mitprägenden Deutschen Orden bildet, sei im Jubiläumsjahr des 800 Jahre bestehenden Ordens eine weite Verbreitung gewünscht.

 HOCHMEISTER DES DEUTSCHEN ORDENS

»Ritterschlag und Einweihung in den Deutschen Orden durch den Hoch- und Deutschmeister Erzherzog Wilhelm in der Ordenskapelle des ›Deutschen Hauses‹ zu Wien.«
Nach einer Zeichnung von V. Katzler, vor 1879.

800 Jahre Vergangenheit – 800 Jahre gelebte Gegenwart

Romantik und Strenge

Am Stadtrand von Wien liegt zwischen weinbewachsenen Hängen die Gemeinde Gumpoldskirchen – weinselig, liebenswert, fast ein wenig weltentrückt und wie von einem vagen Lächeln umhaucht. Vielleicht ist das ein Winkel »beinahe unerlaubten Glücks«, um Worte von Reinhold Schneider aufzugreifen, »unerlaubten Glücks« deshalb, weil Inseln dieser Seligkeit im rauhen politischen Klima der Gegenwart nahezu als Zumutung wirken können. Doch Gumpoldskirchen vermittelt nicht nur eine Ahnung der keineswegs immer guten alten Zeit. Die Gemeinde besitzt auch ein steingewordenes Denkmal einer bis heute fortwirkenden achthundertjährigen europäischen Vergangenheit. Im Herzen von Gumpoldskirchen steht eine Kirche, geschmückt mit dem Symbol des Deutschen Ordens, dem stilisierten Kreuz, das verdächtig und beziehungsreich zugleich an das von Karl Friedrich Schinkel ersonnene Eiserne Kreuz erinnert.

Wie paßt das zueinander – Weinseligkeit und kriegerischer Dekor? Harmonisch, wie es sich zeigt, sehr harmonisch sogar, denn das stilisierte Kreuz ist viel älter als Schinkels preußischer Orden. Der Ursprung des Kreuzes reicht mit vielen Facetten bis in eine legendenverklärte Vergangenheit zurück, die freilich manche Berührung und Begegnung mit dem soldatischen Element nicht verleugnen kann. Die Nonnen und Mönche, die heute noch dieses stilisierte Kreuz an ihrem Gewand tragen, empfinden die weit vom weinfrohen Gumpoldskirchen wegführende Geschichte ihres Ordens mit allen Höhen und Tiefen bewußt als wegweisendes Vermächtnis ihrer Kongregation.

Vor acht Jahrhunderten begann dieses Kapitel europäischer Vergangenheit, im Jahre 1190, genau im Todesjahr Friedrich Barbarossas, der nach dem Glauben der Österreicher im Untersberg bei Salzburg und nach der Meinung der deutschen Sagenerzähler im Herzen Deutschlands, im Kyffhäuser, auf die Stunde der Einheit aller Deutschen wartet.

Dieser Überlieferung haftet, auch wenn sie legendenverklärt ist, ein kleiner Schönheitsfehler oder sogar eine mehr oder weniger gewichtige historische Irritation an. Die seit Jahrhunderten von Generation zu Generation weitergegebene Sage bezog sich nämlich ursprünglich auf den letzten großen Staufer, auf Friedrich II., der sich – ähnlich wie der Bayernkönig Ludwig II. – bewußt und zuweilen auf lange Zeit vor seinem Volk verbarg. Aber gleichviel, nicht der letzte große Staufer, sondern Friedrich Barbarossa ertrank auf dem Kreuzzug zur Befreiung des Heiligen Grabes und verschwand damit als Träger der deutschen Reichseinheit vor den Augen des Volkes. Aber genau in seiner Sterbestunde leuchtete im Heiligen Land, im Lande Jesu, zum ersten Male das stilisierte Kreuz am Gewand von Ordensbrüdern auf. Diesem Orden, dem Deutschen Orden, der seine Vergangenheit nicht schönt und auch nicht leugnet, wird, wie der Historiker Reinhold Schneider es ausdrückte, »Härte und romantischer Idealismus zugleich« zugeschrieben.

Der vorgezeichnete Weg

Das geschieht freilich nicht zufällig, denn der Deutsche Orden besitzt – oder besaß sogar schon im Heiligen Land – eine fast symbolische Beziehung zu seinem Missionsland Preußen. Mehr noch: Diese Beziehung prägte eine ganze Ära gelebter und erlebter, aber auch erlittener Geschichte. Reinhold Schneider erklärt dazu in seinem Werk »Die Hohenzollern«: »Die Brüder des Deutschen Ordens trugen als erste die Farbe der künftigen Macht: Aus dem Weiß ihres Mantels hob sich das schwarze Kreuz. Dieses Kreuz, das sie vereinte und ihnen Werk und Richtung gab, wich langsam zurück im Lauf der Jahrhunderte; aus dem Mantel wird einmal ein Banner; aus demütiger Führerschaft Herrentum; aus dem Dienst an der Ewigkeit ein Dienst an der Erde. Vielleicht aber kommt zuletzt die Ewigkeit wieder über den Menschen: Dann ist das Ende der Form gekommen, und wir können das Gleichnis verstehen. Die Brüder wußten von der einzigen Gleichheit, die möglich ist auf Erden: Von der Gleichheit vor dem Unendlichen. Da sie alle unverbrüchlich glaubten an das Jenseits, das sie erwartete; an die Macht, die ihnen befahl, so waren sie einander gleich.«

Der 1987 im Alter von 100 Jahren verstorbene langjährige Hochmeister des Deutschen Ordens, P. Marian Tumler, hinterließ in seiner Ordenschronik über

Deutschordensritter unter dem Schutz der Muttergottes. Handschrift aus der 2. Hälfte des 18. Jh. (Hs. 732A DOZA).

diese Gleichheit, über diese Bindung zwischen Kreuz und Herrentum, ahnungsvolle Worte: »Seltsame Menschen hat man die Ordensritter des Mittelalters genannt. Ja, sie sind seltsam, unverständlich jedem, der den Geist jener Zeit nicht kennt. Schon, daß ein Ritterordnungsideal nur einmal in der Menschheitsgeschichte mit Erfolg ins Leben trat, ist seltsam. Noch mehr, daß er hervorging aus der milden Religion des Kreuzes. Und das ganze Rätselhafte dieser Menschen spiegelt sich wider in ihren Wohnstätten: Finstere Burgen mit schlupfartigen Gängen, durch die du plötzlich ätherisch zarte, mit Dingen modernen Komforts ausgestattete Räume betrittst. Wer diese Menschen verstehen will, trete an zu einem ›Ritt ins romantische Land‹, denn ›das Wesen des geistlichen Rittertums verschließt sich den Denkgewöhnungen eines ausschließlich und eigenwillig dem modernen Geist verschworenen Forschers. Es erschließt sich aber dem, der hingebend sich entschließt, ganz sich einzuleben in die Seinsgründe jener Zeit‹. Für diesen verwandeln sich die geistlichen Ritterorden in die Vollendung des Menschen des Hochmittelalters, in die geheimnisvolle Blume seines stillen Sehnens, in die Erfüllung der ›Sehnsucht jedes frommen Herzens jener Zeit, Mönch und Ritter zugleich zu sein.‹«

Beginn im Heiligen Land

Die achthundertjährige Geschichte dieser Gemeinschaft begann in einer bescheidenen mönchischen Verbindung, weitete sich zum stolzen Rittertum, um dann bis heute wirkend, symbolisch in die Zukunft weisend und doch dabei die eigene Geschichte umfangend, wieder bei der Seelsorge innezuhalten. P. Marian Tumler schildert die eher karg wirkenden Anfänge des Ordens: »Die deutschen Jerusalem-Pilger fanden in der Stadt niemand, der ihre Sprache verstand. Ein deutsches Ehepaar half dem Übelstand durch Gründung eines deutschen Hospizes ab. Die Stifter erhielten bald Zuzug und Spenden und konnten neben dem Hause eine Marienkapelle errichten. Davon erhielt die Stiftung den Namen ›Hospital St. Mariens der Deutschen zu Jerusalem‹ oder ›Das Deutsche Haus‹. Es lag am Abhange des Tempelberges, nahe dem Eingang der Deutschen Straße, einer Nebenstraße der vom Sionstor zum Tempel führenden Hauptstraße. Nach einiger Zeit wurde aus der losen Verbindung eine Art klösterlicher Familie, die den Krankendienst gelobte.« Der Weg dieser klösterlichen Familie von der Deutschen Straße in Jerusalem bis zur Marienburg im fernen Preußen war weit und beschwerlich und wurde doch auf liebenswerte Art umleuchtet von den Zeichen inniger Gläubigkeit. Joseph von Eichendorff würdigte diesen Weg in seinem Werk »Die Wiederherstellung des Schlosses der deutschen Ordensritter zu Marienburg«:
»Es geht die Sage, am nördlichen Rand der Waldgegend, welche sich damals von Marienwerder heraufzog, auf dem hohen Nogat-Ufer, wo jetzt die Marienburg steht, habe in alter Zeit ein Kirchlein mit einem wundertätigen Muttergottesbilde gestanden; eine Sage, womit das Volksgefühl am würdigsten die Weihe des Ortes bezeichnet, von dem das Christentum, unter dem Schutz der Heiligen Jungfrau, jene Wälder durchleuchten sollte.«

Von Jerusalem ins Abendland

Der Weg des Deutschen Ordens aber führt – wenn auch auf Umwegen – keineswegs nur von Jerusalem zur Marienburg. Der Weg ist von Zeichen und Niederlassungen, von klösterlichen Gründungen in nahezu ganz Europa geprägt: Im Elsaß und in Burgund, in Lothringen und in Österreich, in Böhmen und im Tiroler Land, in Sizilien und in Griechenland, in Apulien und in Mittelitalien. Niederlassungen entstanden aber auch in vielen Teilen Deutschlands, also in Franken und in Hessen, in Westfalen, im Rheinland und in Thüringen und ebenso fern den Bereichen der deutschen Sprache in Frankreich und Spanien, im Lande um Maastricht, im niederländischen Utrecht und schließlich im fernen Livland.
Im eigentlichen Ordensland Preußen wieder finden sich zahllose steinerne Spuren des Ordens bis hin zur historischen Bayerburg östlich von Ragnit an der Memel.
Doch, seltsam genug, in der Ballei Sachsen – die nicht das spätere Königreich Sachsen, sondern Niedersachsen und mit ihm weite Teile Brandenburgs umspannte – finden sich kaum Spuren des Deutschen Ordens. Die Brüder,

die »als erste die Farbe der künftigen Macht« trugen, waren in dem Teil Deutschlands, in dem die von ihnen begründete Macht aufblühen sollte – zunächst – offenbar nicht wohlgelitten. Diese Widersprüchlichkeit begann schon im Jahre 1190 im Heiligen Land, als, nach der Überlieferung, ein Häuflein von Kaufleuten aus Lübeck und Bremen ein Spital gründete, Kaufleute also aus den Städten, die nur wenige Jahrhunderte darauf, als der Orden eine wohlfunktionierende Ökonomie in Preußen entwickelt hatte, zu erbitterten Gegnern der Ordensritter werden sollten. Die Hanse-Städte – aus denen einst die Gründerväter gekommen waren – empfanden den Orden als wirtschaftspolitischen Konkurrenten. 1190 freilich lag das alles noch tief im Schoße der Zeit, zudem noch verdrängt von der Aura der Minnesänger.

Walther von der Vogelweide dichtete damals den Vers:
»Ich saß auf einem Steine
und deckte Bein mit Beine,
darauf setz' ich den Ellenbogen;
ich hatt' in meine Hand gezogen
mein Kinn und eine Wange.
Da dacht' ich sorglich lange,
weshalb man auf der Welt sollt' leben.
Ich konnte mir nicht Antwort geben,
wie man drei Ding' erwürbe,
daß kein's davon verdürbe.
Die zwei sind Ehr' und irdisch Gut,
das oft einander Schaden tut;
das dritt' ist ›Gott gefallen‹,
das wichtigste von allen.«

Gottgefällig war das Werk, das Meister Sibrand in Akkon begann und das Hilfebot für erkrankte und verwundete Pilger und Kreuzfahrer. Nicht zufällig notierte P. Marian Tumler in seinem Werk über den Deutschen Orden den Hinweis: »Die Not im Feldlager vor Akkon führte zur Gründung des Deutschen Ordens. Um die Mitte des Jahres 1190 errichteten Bürger aus Bremen und Lübeck aus Schiffssegeln ein Feldspital vor der Stadt. Das Hospital befand sich vor dem von Deutschen besetzten Frontabschnitt vor der Stadt zwischen dem Toronberg und dem Fluß Belus.«

Akkon war damals der Haupthafen für die Kreuzfahrerheere. Wer Akkon besaß, hatte damit den Schlüssel zu den Heiligen Stätten im Lande um Jerusalem erworben. Diese – wie man heute sagen würde – wichtige strategische Lage war der Anlaß für die heftigen und blutigen Kämpfe um die Hafenstadt.

Aufgabe im Karpatenbogen

Doch das Hospital sollte keine Zukunft haben. Akkon und auch das Haupthaus des Ordens in Syrien gingen verloren. Zudem hatte sich der Deutsche Orden nach dem Vorbild der Templer und Johanniter schon an der Wende vom 12. zum 13. Jahrhundert vom Hospitalorden in einen Ritterorden verwandelt. Der Weg dieses neuen Ordens führte zunächst noch keineswegs nach Preußen, sondern ins Burzenland, also in die Gegend des heutigen Siebenbürgen. 1222 zogen die Deutschen Ordensritter in das Land am Karpatenbogen. Sie kamen nicht auf freien Entschluß oder als Eroberer nach Siebenbürgen.

Der ungarische König Andreas II., der Vater der heiligen Elisabeth, hatte sie gerufen und ihnen Gebiete als »ewigen Besitz« übertragen. Sie sollten sein Land gegen die ständigen Einfälle der Steppenvölker schützen.

Doch das Burzenland blieb keineswegs im »ewigen Besitz« des Ordens. Die Ritter erfüllten wohl ihre Pflicht. Sie bauten auch wenige Kilometer nördlich von Kronstadt eine noch heute in Resten erhaltene erste Marienburg – aber sie wurden im Land am Karpatenbogen nicht heimisch. Der Orden befand sich damals an einem Scheideweg. Er war stark, besaß auch Gewicht als militärische Macht, aber er hatte im eigentlichen Sinne keine in die Zukunft weisende Aufgabe. Das macht ein Brief deutlich, den der Staufer Friedrich II. auf Drängen des Hochmeisters Hermann von Salza an den Papst schrieb. Der Kaiser erklärte darin: »Hundert Galeeren liegen anjetzt in den Häfen unseres Reiches zur Abfahrt bereit; fünfzig Lastschiffe, die an zweitausend Reiter und Pferde und gegen zehntausend Mann Fußvolk tragen werden, sind in Arbeit. Zwei Brüder des Deutschen Ordens und andere der Sache kundige Männer sind von uns bei ihrem Baue zur Aufsicht angestellt, also daß wir sicher glauben, mit nächstem Sommer können die Schiffe bemannt werden.«

Unter den Augen des Dogen

Das war ein eindeutiges Angebot. Hinzu kam, daß die nach dem Verlust von Akkon bezogene Residenz des Hoch-

Papst Coelestin III. (1191–1198) übergibt dem Deutschen Orden das schwarze Kreuz. Gemalter Gobelin, 1718, Lengmoos am Ritten. Die Abbildung zeigt das erste Bild eines Zyklus von vier Wandteppichen, der die Geschichte des Hochmeisterwappens erzählt. Diese für den Orden bedeutungsvollen Ereignisse waren ein beliebter Gegenstand unterschiedlichster Darstellungstechniken, wie ein Vergleich mit den Abbildungen auf den Seiten 26 und 28/29 verdeutlicht.

meisters in Venedig eine wenig glückliche Lage besaß. Der Leiter des Zentralarchivs des Deutschen Ordens in Wien, P. Bernhard Demel, erklärte dazu 1976 bei der 700-Jahr-Feier Marienburgs in Hamburg in einem Vortrag: »Die Lage des venezianischen Haupthauses auf der Landspitze zum Markusplatz und zum Meer hin glich bei genauerem Hinsehen leicht einer Mausefalle, so daß man annehmen darf, der Hochmeister blieb in der Lagunenstadt nur solange, als er sich auf die mächtige Signora verlassen konnte – was übrigens durch die Reisen des Meisters eine gewisse Bestätigung erhält. Im Falle von Spannungen mit Venedig wäre dem Ordensmeister ein Entweichen durch die mächtige Flotte der Lagunenstadt unmöglich gemacht worden.«

Doch der Zufall, das Glück und wohl auch eine göttliche Fügung wendeten das Schicksal des Ordens. Kaiser Friedrich II. erließ im Jahre 1226 seine berühmte »Goldene Bulle von Rimini«, die man als »Geburtsurkunde« des Ordens bezeichnen könnte.

Von Venedig nach Preußen

Für den Orden war Hermann von Salza, wie man es heute lapidar ausdrücken würde, ein Glücksfall. Hochmeister P. Marian Tumler bestätigte das in seiner Chronik des Ordens anschaulich: »Als Staatsmann war der Hochmeister jahrelang die Mittelsperson zwischen Papst Gregor IX. und Kaiser Friedrich II. Er genoß das uneingeschränkte Vertrauen dieser so gegensätzlichen und in der Wahl ihrer Vertrauten vorsichtigen Männer. Das erforderte ein hohes Maß von staatsmännischem Weitblick und diplomatischem Geschick und treuherziger Offenheit und auch ein merkwürdiges Geschick, Menschen zu behandeln. Hermann von Salza war so etwas wie ein Gralshüter zwischen den Häuptern der Christenheit.«

Der Ruf Konrads von Masowien

Der Weg des Ordens nach Preußen war durch das Werk, durch die Hand dieses Mannes vorgezeichnet. In der Sterbestunde des Stauferreiches zogen die Ordensritter nach Norden, zur Nogat, zum Pregel, zur Memel, um im eigentlichen Sinne das fortzusetzen, was der im Jahre 997 von den Preußen im Samland erschlagene Adalbert von Prag begonnen hatte, nämlich das Werk der Missionierung. Berufen durch den Kaiser und gerufen durch Herzog Konrad von Masowien trat der Orden seine ihm übertragene Aufgabe an. In der 1230 besiegelten Berufungsurkunde heißt es wörtlich: »Wir haben unter ausdrücklicher Zustimmung Unserer Gattin Agafia, Unserer Brüder Boleslaus, Kasimir und Semovit und mit Rat und Zustimmung Unserer Bischöfe, Magnaten und Großen dem Hospital St. Mariens der Deutschen und dessen Brüdern das Land Culmen und mit allem, was dazu gehört ganz geschenkt, und zwar ohne Verminderung mit aller Ehre, zu vollem und wahren Dominium, Eigentum und Besitz.« Der polnische Publizist Marian Podkowinski hält – aus heutiger Sicht – diesen Entschluß des Herzogs für einen gewaltigen und politisch schwerwiegenden Irrtum. Er schreibt: »Der Fehler des Konrad von Masowien war, daß er nicht wußte, wer der Deutsche Orden tatsächlich war. Dies war doch keine nationale Organisation, dies war eine Gruppe, die aus Rittern und Raubrittern aus ganz Europa bestand. Diese Männer, erkennend, daß ihre Zukunft nicht im Orden läge, daß der einmal nicht mehr sein würde, kultivierten das Land in ihrem eigenen Interesse.«

Der Ausdruck »Fehler des Konrad von Masowien« mag vielleicht nicht ganz falsch gewählt sein. Prinzipiell müssen die Dinge aber doch ein wenig differenzierter gewertet werden. Konrad von Masowien schenkte – im vollen Sinn des Wortes – dem Deutschen Orden durchaus nichts. Das kommt auch in seiner Urkunde, mit der er die Brüder in sein Land einlud, zum Audruck. Er nannte darin die Preußen »Feinde des christlichen Namens, die einen großen Teil Unserer an sie grenzenden Länder durch Raub, Niederbrennung von Kirchen und anderen Orten, durch Ermordung und Wegführung von Männern, Frauen und Kinder erbarmungswürdig verheerten«.

Der Zug des Deutschen Ordens nach Preußen war auch – zumindest zunächst – durchaus kein gewaltiger Heeresaufmarsch. Nach der Überlieferung machte sich Landmeister Hermann Balk anfangs mit nur vier Ordensrittern und ihrer Begleitung auf den Weg nach Preußen. In der »Chronik von Oliva« steht in einem Bericht Hermann von Salzas zu lesen, daß sich diese kleine Heerschar im Jahre 1231 auf einer großen Eiche, die auf einem Hügel stand, einrichtete, und diesen Baum unter Nutzung seiner Äste zu einer kleinen Festung ausbaute, die den Blick zur Weichsel freigab.

Dieser ein wenig legendär anmutenden Überlieferung folgten dann bald historisch konkret nachweisbare Niederlassungsgründungen in Kulm und Marienwerder, in Tapiau und an der Memel, wo unter tätiger Mithilfe des Herzogs von Bayern östlich von Ragnit die Bayerburg entstand. Auch König Ottokar von Böhmen beteiligte sich an dem Missionswerk. Seine Gefolgsleute stießen bis an den Pregel vor und ihm zu Ehren wurde dort im Jahre 1255 die um eine Burg wachsende Stadt Königsberg genannt. Der Orden überzog das ganze Land mit Burgen und Niederlassungen und entwickelte eine Ökonomie und zugleich ein Staatswesen, das auch heute noch – selbst Gegnern des Ordens – Anerkennung abverlangt.

Der Weg ins Baltikum

Eine andere Angelegenheit war der Zug des Ordens ins Baltikum, genauer gesagt, die 1237 besiegelte Vereinigung mit dem Schwertbrüderorden.
Der Zug über die Nehrung brachte dem Orden wohl einen gewaltigen Landgewinn, aber er bürdete ihm auch eine für seinen Bestand gefährliche, wenngleich hochpolitische Aufgabe auf. P. Marian Tumler stellte dazu in seiner Ordenschronik fest:

»Dem Deutschen Orden wurde eine Aufgabe zugewiesen. Im baltischen Raume war das Russentum, das schon riesige, vormals finnische Gebiete gewonnen und russifiziert hatte, an mehreren Stellen im Vordringen nach dem Westen. Im Wege standen ihm die kleinen von Parteiungen zerrissenen lettisch-finnischen Völker der Esten, Lettgallen, Liven, Letten, Litauer und Preußen. Diese Völker aufzusaugen, wäre dem zähen, von klugen Normannenfürsten geleiteten russischen Volk sicher gelungen. Damit hätte es vor Jahrhunderten fast schon jene Machtstellung erreicht, die es heute zu einem Alpdruck für das kleine Abendland macht. Der Deutsche Orden, von Papst und Kaiser gerufen und vom ganzen Abendlande unterstützt, hat den Vormarsch des Russentums für mehr als drei Jahrhunderte völlig gestoppt.«
Mehr noch: Der Orden betätigte sich gelegentlich auch als Schutzmacht für die Handelsschiffahrt auf der Ostsee. Das bezeugt die Eroberung der Insel Gotland, die Piraten als Stützpunkt besaßen und von dort aus die Seefahrt – auch die der Hanse – bedrohten. Der Orden nahm die Insel im Jahre 1398 – um ein Wort aus dem Sprachschatz der Gegenwart zu gebrauchen – im »Blitzkrieg« in Besitz:

»Am 17. März stach die Flotte in See, am 21. legte sie ohne Verluste bei Wisby an. In weniger als drei Wochen waren dann Wisby und die drei Raubburgen auf Gotland erobert und die ganze Insel von den Piraten gesäubert. Die Nachricht von dieser grandiosen Operation war für die Städte die Befreiung von einem Alpdruck, für die Vitalienbrüder jedoch ein betäubender Schlag. Sie fühlten sich selbst in den finnischen Schären nicht mehr sicher, verliefen sich oder segelten eilig nach der Nordsee ab. In einem Jahr konnte die Ostsee von den Handelsschiffen wieder ohne Gefahr befahren werden.«
P. Marian Tumler geriet aber nicht allein bei der Schilderung dieser politisch bedeutenden Tat ins Schwärmen. Auch bei der Darstellung des Haupthauses des Ordens in Reval schrieb er euphorisch: »Der herrliche Burgberg bei dieser Stadt – ein Felsenhügel von 80 m Höhe, vorne durch das Meer geschützt, war schon von König Waldemar als Burgplatz erkoren worden. Vom Schloßturm aus schweift der Blick über die breite schärenbedeckte Bucht mit ihrem idealen Hafen und über den Finnischen Meerbusen bis zum waldumrauschten Gestade Finnlands.«

Andeutung des Endes

Doch der Griff des Ordens nach dem Baltikum bedeutete – um es noch einmal zu betonen – eine lebensbedrohende Gefahr für den Orden selbst. Reinhold Schneider erkannte die unausweichliche Entwicklung, die mit dieser Eroberung auf den Orden zukam: »Der Orden durchbricht nicht die litauische Schranke; oben in Livland herrscht die deutsche Kolonisation, dazwischen brennt die wilde Kriegsmacht des litauischen Volkes, die das grausame Schwert der Ordensritter nur schüren, aber nicht dämpfen kann. Aus den gro-

Die Marienburg (1272 – 1398) war von 1309 bis 1457 der Sitz des Hochmeisters des Deutschen Ordens.

Marienburg, Großer Remter.

ßen Inseln des Deutschtums wird kein Kontinent; und so muß der Tag kommen, da sie das Meer überspült.«
Eine dunkle Vorahnung dieser Gefahr bot die Schlacht auf dem zugefrorenen Peipussee im April 1242.
»Das livländische Aufgebot griff die am steilen Ostufer aufgestellten Russen an. Doch die schweren Streithengste der Ritter kamen am Ufer nicht vorwärts und das Fußvolk wurde von den Russen eingekeilt. Es wandte sich sofort zur Flucht und riß auch die Ritter mit. Sechshundert Deutsche waren tot oder gefangen. Alexander Newskij verfolgte seinen Sieg nicht weiter, sei es, daß ihn die Mongolengefahr hinderte oder daß er vor einem weiteren Kampfe gegen den noch intakten Teil des Ordensheeres und gegen die festen Städte und Burgen zurückschreckte, vor denen die Russen schon wiederholt gescheitert waren. Es kam bereits 1242 zum Friedensschluß, der dem livländischen Staatswesen keinen Gebietsverlust brachte. Freilich, der Traum eines baltischen Großreiches nach Osten hin war ausgeträumt und wurde nie mehr wiederholt.« (Schneider, Hohenzollern)

Marienburg, Hochmeisterschloß. Holzstich aus dem späten 19. Jh.

Das Hochschloß an der Nogat

Im eigentlichen Ordensland Preußen war die Welt – vor allem für den Orden selbst – noch in Ordnung. Mit der Marienburg entstand dort eine Residenz, die wie eine steingewordene Vision die Europa umspannende Idee des Ordens vermittelte. Die Wahl der Marienburg zum Haupthaus des Ordens war, nach dem Empfinden P. Marian Tumlers, vor allem durch strategisch-politische Erwägungen bedingt.
»Marienburg lag am Kreuzungspunkt der wichtigsten Wasser- und Landstraße Preußens, der schiffbaren Nogat, des damals mächtigsten Armes der Weichsel, und der großen West-Ost-Straße des Landes. Dazu begann sich die Weichselniederung durch großartige Dammbauten zur Kornkammer des Landes und damit zum wichtigsten Faktor der Ordensfinanzen und zum wirtschaftlichen Schwerpunkt des Ordensstaates auszuwachsen.«
Joseph von Eichendorff wieder wertete die Verlegung des Hochmeistersitzes vom »ungastlich-argwöhnischen Venedig« nach Marienburg ganz als Dichter. Er schrieb in seinem Werk, das er dem

Hochschloß an der Nogat widmete: »Es gibt Momente, wo dem Menschen, der immer nur einzelne Ringe der großen Kette zu überschauen vermag, plötzlich ein Blick in die geheime Werkstatt der Geschichte vergönnt zu sein scheint. Zu jenen Wendepunkten gehört der Entschluß des Hochmeisters Feuchtwangen, die Residenz von Venedig nach Marienburg zu verlegen, ein Entschluß, der gleich folgenreich für den Orden wie für Preußen und den Norden überhaupt sein sollte.«

Die spürbar werdende Hand Gottes kann freilich – gelegentlich auch die Menschen – zum Leichtsinn verführen oder zum Übermut. Reinhold Schneider empfand das sehr klar. »Von den Türmen der Marienburg schweift der Blick über das scheinbar Grenzenlose: Das Haff schimmert in weitester Ferne und näher der Drausensee, die Weichsel wälzt sich breit durch die Ebene, die geschaffen schien für das ziellose Wandern und Kommen der Völker und die nun überragt wird von der Burg. Dieser Geschlossenheit erliegt das Volkstum, das bisher hier geherrscht; nach der Wahl Winrichs von Kniprode, da die Marienburg vom Fest erdröhnt, erbittet ein altpreußischer Sänger Gehör. Er singt in der Sprache, die keiner der Anwesenden mehr versteht, von den Taten Waidewuls, des Preußen; er singt auch das Lob des neuen Meisters, den er dem Sterne im Morgenlande vergleicht, in seinen verschollenen Lauten. Aber da er geendet, schickt ihm Winrich eine Schüssel, in der hundert taube Nüsse liegen und ein Zettel mit dem Vers:

›Niemahns hat verstanden de arme Prüsse
des thu ich im schenken hundert falsche Nüsse.‹

Der bedeutendste Meister wurde eben gewählt, die größte Zeit des Ordens wie des Deutschtums im Nordosten hat begonnen, und die neuen Herren behandeln die Unterlegenen mit der tödlichen Grausamkeit, mit der siegende Völker sterbenden begegnen.« (Schneider, Hohenzollern)

Als die Brüder des Deutschen Ordens Winrich von Kniprode zum Hochmeister erwählten, wurde das Jahr 1352 geschrieben. P. Marian Tumler verglich Winrich von Kniprode mit Hermann von Salza: »Er hat mit diesem verwandte Charakterzüge: Den makellosen Wandel mitten im Getriebe der großen Politik, die Milde und Bescheidenheit bei hohem Amtsbewußtsein; die kluge Vorsicht verbunden mit entschiedenem Handeln, wo es not tat. Ob er an schöpferischer Kraft und Größe Hermann von Salza nahekam, konnte Winrich wenig unter Beweis stellen, denn es galt nicht mehr aufzubauen, sondern das Geschaffene klug auszubauen.«

Winrich von Kniprode baute »das Geschaffene klug aus«. Der Orden hatte zu seiner Zeit in Preußen wohl seinen Zenit erreicht. Die Polnisch-Litauische Union drängte sich seit dem Ende des 14. Jahrhunderts wie ein Keil zwischen Preußen und die baltischen Niederlassungen. Hinzu kommt: Die militärische Ausrüstung des Ordens war alt, überaltert. Sie reichte zur Verteidigung – aber wie lange? Der Orden lebte in der Ära Kniprode – wie ein Dichter es ausdrückte – von »geborgter Zeit«. Er lebte anerkannt, geehrt und geachtet, aber seine Zeit neigte sich, schon bald nach dem Tode dieses Hochmeisters im Jahre 1382 dem Ende zu. Die Dänen forderten Gotland zurück. Polen und Litauer bedrängten den Orden. Hilfe aus dem Reich, aus Europa, zeigte sich nicht an. Kaiser Sigismund – 1410 gewählt – mußte sich erst eine eigene Hausmacht schaffen und die Kirche war ohnmächtig. Drei Päpste zerstörten, sich gegenseitig bekämpfend, ihr geistiges und politisches Gewicht – einer in Rom, einer in Avignon, ein dritter in Mailand. Am 15. Juli 1410 brach die Katastrophe über den Deutschen Orden herein.

Rettungsversuch durch Heinrich von Plauen

Reinhold Schneider notierte später: »Nachdem der Orden die Tragoedie seiner Idee durchlebt hat, blieb ihm noch die Tragoedie seiner Verfassung. Sie versagt im Augenblick der Not. Tannenberg ist geschlagen; die Komture, die nicht auf dem Schlachtfeld blieben, übergaben schmählich ihre Burgen, und das Heer des Polenkönigs, Litauer, Russen und Tataren, die unübersehbaren Völker der Ebene, umschwärmen die Marienburg. Dieser Übermacht tritt ein Wille entgegen, der geformt und geschlossen ist wie das Meisterhaus selbst: Heinrich von Plauen. Er verbrennt die Stadt, um die Burg zu halten; er ist klug genug, zu bitten, solange er noch kämpfen kann,

Die Schlacht von Tannenberg im Jahre 1410. Historisierendes Gemälde (Ausschnitt).

Das Ordensbuch für den Deutschmeister Eberhard von Saunsheim enthält die 1442 neu beschlossenen Statuten des Deutschen Ordens.

und stark genug, sich selbst zu vertrauen, wenn der Feind seine Bitte nicht hört. Doch bald nach der Idee der Mission geht auch die Idee der Gemeinschaft verloren; denn Gemeinschaft ist nicht möglich im Getriebe der Erde, wo die Macht die Macht erschlägt, sondern allein vor dem Höchsten. Heinrich von Plauen wird seines Amtes entsetzt.« (Schneider, Hohenzollern)
Nicht unverdient erfuhr der glücklose Heinrich von Plauen eine seltsame Ehrung, die – um Worte Eichendorffs zu variieren – wohl die Hand Gottes ahnen ließ: In der Annenkapelle der Marienburg, der Grablege der Hochmeister, blieben bis 1945 nur drei Grüfte bewahrt. Auf einer von ihnen stand in altertümlicher Umschrift zu lesen: »In der jarczal 1429 do starp der erwirdige bruder heinrich van plauen«.
Alles war verloren – nur die Ehre war gerettet. Politisch nutzte die bewahrte Ehre dem Orden freilich wenig. Der Erste Thorner Friede beschnitt seine Rechte, der Zweite grenzte seinen Territorialbereich ein. Der Ordensstaat bröckelte auseinander, eine Bindung zerfiel, die von Lauenburg in Hinterpommern bis nach Narwa an der Grenze Altrußlands gereicht und ihren Einfluß geltend gemacht hatte.

Neubeginn in Königsberg

Aber der Orden zerbrach nicht. Neuer Hochmeistersitz wurde 1457 nach dem Verlust der Marienburg an der Nogat die Pregelstadt Königsberg. Dort versuchten die Hochmeister unter unsäglichen Schwierigkeiten, vom Reich im Stich gelassen, von den umliegenden Völkern bedrängt, das gerettete Vermächtnis ihrer Gemeinschaft zu bewahren. Das war – auch nach dem Urteil von Marian Podkowinski – viel, sehr viel sogar. »Selbstverständlich hat der Orden viel getan in kultureller Hinsicht, weil er die Wüste zu einem modernen Land gemacht hat. Auch die kirchliche Leistung ist groß. Aus dem Orden wuchs schließlich ein neuer Typ des Ordensritters, der nicht mehr Kreuzritter im traditionellen Sinne war, sondern Politiker und Ökonom zugleich, Kulturmensch bereits. Das kann ich persönlich nur anerkennen, daß der Orden ein modernes Land entwickelt hat.«
Doch die Zeit war am Ende gegen den Orden, jedenfalls in Preußen. Das Volk begehrte gegen die Herrschaft der Kleriker auf und die Reformation hatte Zulauf. Albrecht von Brandenburg, Hochmeister und zugleich Gründer der Alma Mater Albertina in Königsberg, holte den Rat Martin Luthers ein. Die Antwort aus Wittenberg fiel eindeutig aus. Der Hochmeister solle seinen Ordensmantel ablegen und das Kreuz mit den weltlichen Insignien eines Herzogs in Preußen vertauschen.
Das war aber nur möglich durch eine politisch tolerierte, mehr oder weniger lose Bindung an Polen. Nach einigem Zögern entschloß sich Albrecht, diesen bitteren, aber zur Rettung seines Landes einzig gangbaren Weg einzuschlagen. Im April 1525 – während im Herzen Deutschlands der Bauernkrieg tobte – leistete er vor dem im vollen Krönungsornat erschienenen König Sigismund I. von Polen in Krakau den Treueid. Sigismund ersparte seinem Gast manche Demütigung, die denkbar und vielleicht politisch verständlich gewesen wäre. Er duldete auch die symbolische Mitbelehnung der Brüder Albrechts, dunkel ahnend, daß sich damit für die Erben Albrechts ein ganz anderer Weg in die Zukunft öffnen könnte, daß die Farben des in Preußen verlorenen Ordensmantels in der Tat zu den Farben der künftigen Macht werden sollten.
Herzog Albrecht führte nach dem Ablegen der Hochmeisterwürde den Titel eines Herzogs in Preußen. Als sich der

König Sigismund I. von Polen (1508–1548).

spätere brandenburgische Kurfürst Friedrich III. durch Mittelsmänner in Wien – gegen klingende Münze versteht sich – die Königskrone für sein Land zu ertrotzen suchte, fand er offene Ohren. Allerdings, so wurde ihm gesagt, dürfe er nicht den Titel eines Königs von Preußen führen, er müsse sich König in Preußen nennen, weil das Gebiet um Königsberg, das Herzogtum Preußen, außerhalb des Heiligen Römischen Reiches läge. Am 18. Januar 1701 setzte sich der Kurfürst von Brandenburg in Königsberg mit eigener Hand die Krone seines neu geschaffenen Königreiches aufs Haupt und nannte sich fortan Friedrich I. König in Preußen.

Zuflucht und Blüte in Mergentheim

Für den Deutschen Orden bedeutete das Aufblühen der »künftigen Macht« in Königsberg und im Lande um Berlin eine Zäsur und Wendemarke seiner Geschichte, aber nicht den Untergang. Die Entwicklung des Ordens setzte sich über das Schicksalsjahr 1525 hinaus fort. Damals wählte der Deutsche Orden die Residenz in Mergentheim zu seinem Haupthaus. Diese Stadt in der Ballei Franken wurde von nun an zum geistigen Mittelpunkt des Ordens. Kaiser Karl V. verlieh dem »Meister Deutschen Ordens in Deutschen und Welschen Landen« die Würde eines Administrators. Das führte letztendlich dazu, daß auch das seit 1525 vakante Hochmeisteramt mit der Wahl Walter von Cronbergs zum höchsten Ordensgebietiger wieder neu besetzt wurde.

Beinahe doppelt so lange wie in der verlorenen Marienburg, nämlich knapp dreihundert Jahre, residierten die Hochmeister nun in Mergentheim, bis wiederum eine Zäsur, diesmal durch Napoleon ausgelöst, den Orden bedrohte. Bonaparte bestimmte im Jahre 1804 schlicht: »Der Orden ist in allen Staaten des Rheinbundes aufgehoben. Alle Güter und Domänen des Ordens werden mit der Domäne der Fürsten, in deren Staat sie liegen, vereinigt. Das Gebiet von Mergentheim wird mit den an das Hochmeistertum geknüpften Rechten, Domänen, Revenüen mit der Krone Württembergs vereinigt.«

Was darauf geschah, war unglaublich. Die württembergische Regierung befahl, die Stätten des Deutschen Ordens in Mergentheim auszuplündern.

Eisernes Kreuz und Danziger Altar

Im Lande, das als »künftige Macht« die Farben der Brüder des Deutschen Ordens ererbt hatte, lebten jedoch die Überlieferungen des Ordens auf besondere Weise auf und fort. Es war die Zeit, in der ein Heinrich von Kleist das Wort prägte: »Nur ein Tropfen Vergessenheit und ich würde mit Wollust katholisch werden«, und Karl Friedrich Schinkel das stilisierte Kreuz der Brüder des Deutschen Ordens in Preußen zum Eisernen Kreuz verwandelte. Es war die Zeit, in der Yorck – begabt mit der politischen Phantasie und dem Mut eines Heinrich von Plauen – in Tauroggen das Unmögliche wagte.

Für den Deutschen Orden besaßen Yorcks Wagemut, Kleists Bekenntnis und Schinkels Eisernes Kreuz keine Bedeutung; für ihn ging es nach dem Verlust von Mergentheim ums Überleben. Die Residenz wurde nun in Wien aufgeschlagen, in der Singerstraße, um die Ecke vom Stephansdom, umweht vom Klang der »Pummerin«. In der Kapelle fand – nicht sogleich, aber bald – als sinnbildhafte Erinnerung an das für den Orden verlorene Preußen – ein Altar aus der Danziger Marienkirche Aufstellung, beschützt, beschirmt und angebetet von den Hochmeistern, die nun in

Eisernes Kreuz II. Klasse, 1813.

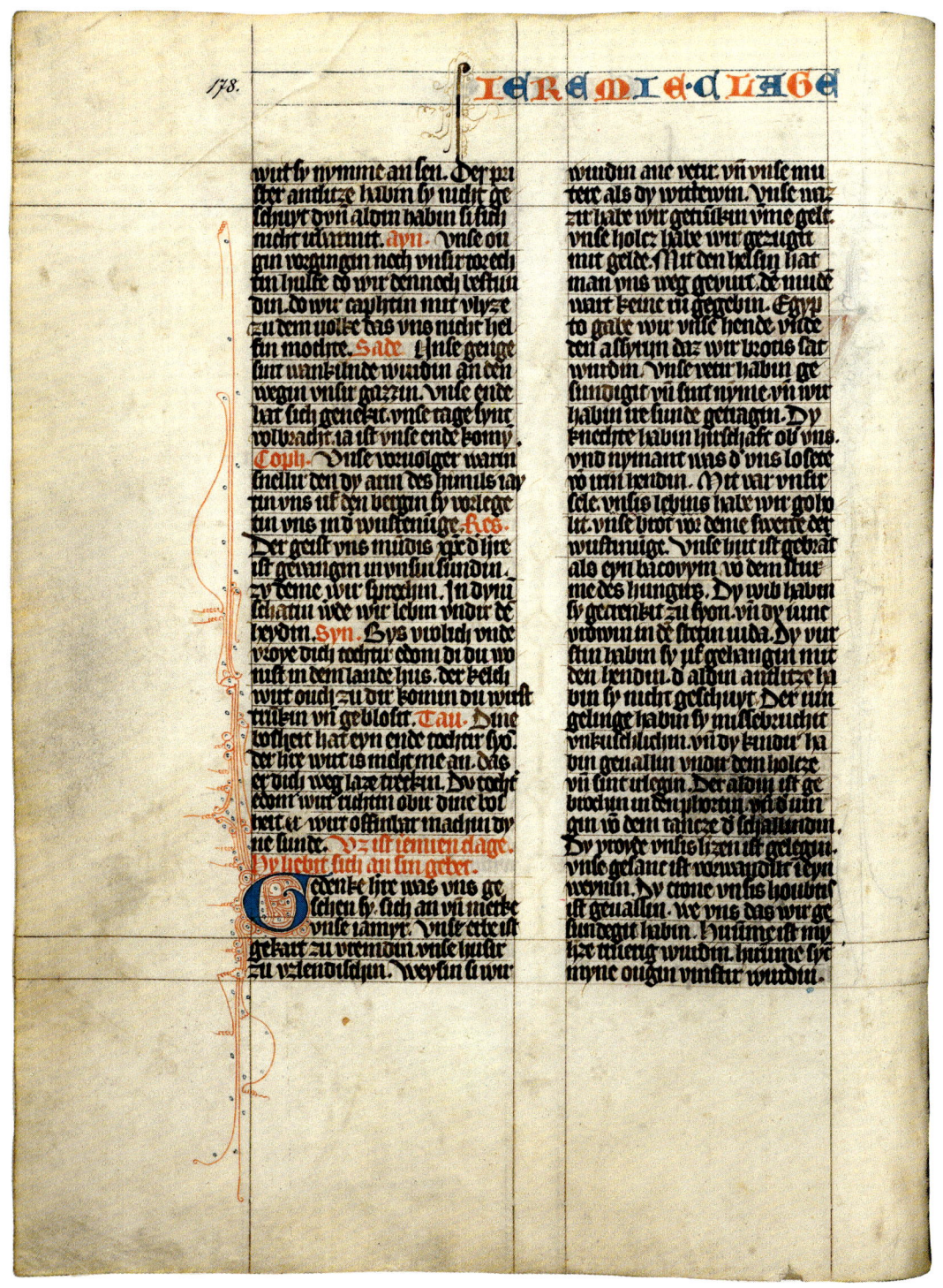

Ordensbibel. Prachthandschrift aus dem 14. Jh.

Wien ausschließlich von Angehörigen des Hauses Habsburg gestellt wurden. Während dieser Zeit der Neubesinnung des Ordens geschah weitab von Wien etwas Seltsames. Die Preußen entdeckten die Marienburg, entdeckten, daß dieses lange Zeit als Steinbruch mißbrauchte Hochschloß ein Baudenkmal von europäischem Rang war. Max von Schenkendorf schrieb einen flammenden Aufruf zur Rettung der Burg. Friedrich Gilly – der Lehrmeister Schinkels – hatte schon zuvor in Kupferstichen die Schönheit des von der Zerstörung bedrohten Bauwerks nachempfunden. Der frühere Oberpräsident von Schön nahm nach seiner Pensionierung das Amt eines »Burggrafen der Marienburg« an und nannte die verlassene Hochmeisterresidenz ein »preußisches Westminster«. Auch der erste preußische Konservator, Ferdinand von Quast, verwandte sich für die Rettung der Marienburg. Quast lebte in einem weltverlorenen Winkel im Ruppiner Land, in Radensleben, auf halben Wege zwischen Neuruppin und Kloster Lindow. Er war nicht nur Denkmalspfleger, sondern auch Kunstsammler von Rang und besaß in seinem »stillen Herrenhaus in der stillen Grafschaft Ruppin« eine Reihe schönster Marienbilder – eine Tatsache, die Theodor Fontane zu der Äußerung verleitete: »Wo Madonna weilt, da weilt auch die Schönheit.«

Ferdinand von Quast besuchte auch die Marienburg und stellte dort erschüttert fest: »Die Restauration fällt in eine Periode, in welcher die Liebe zur mittelalterlichen Kunst zuerst lebendig wieder erwachte, wo aber das vollständige Verständnis derselben noch nicht vorhanden war.« (Fontane, Wanderungen durch die Mark Brandenburg)

Niemand anderer als Joseph von Eichendorff entdeckte die beseligende Schönheit der Marienburg, vor allem jedoch von Meisters Großem Remter, wieder: »Welch ein Saal, der überreichen Schmuck als freundliches Beiwerk hinnehmen darf, ohne davon erdrückt zu werden! Sein edles Gewölbe ruht in der Mitte kühn auf einem einzigen Granitpfeiler, als hätte der alte Baumeister hier alle großen Erinnerungen, alle Macht und Pracht des Ordens in *einem* Gedanken zusammenfassen wollen, damit alles ernst und streng zum Himmel emporpfeilre. Und damit dieses Emporpfeilern des Irdischen umso gewaltiger erscheine, zeigen zehn hohe und breite Fenster, in doppelter Reihe übereinander, eine unermeßliche Aussicht eröffnend, ringsum die Erde nur wie ein fernes schönes Bild, als stünde man hier auf den Gipfeln des Lebens, wo alles Gemeine sein Recht verloren.«

Wien – mehr als eine Zuflucht

In Wien, wo die Nachfahren der alten Ordenshochmeister seit 1809 residieren, gab es einen zunächst militärischen, dann nur noch musikalischen Kontrapunkt zur Geschichte des Deutschen Ordens, nämlich das bereits während der Türkenbedrohung im Rheinland ins Leben gerufene Deutschmeister-Regiment.

Dieses Regiment erhielt schon im Jahre 1697 bei Zenta seine Feuertaufe und focht später in zweihundert Schlachten mit, in Kolin und Aspern, auch in Königgrätz; welch Aberwitz der Geschichte tat sich dabei auf: Die Deutschmeister kämpften gegen die Heerscharen, die die ererbten Farben der Deutschordensritter trugen.

Doch der Aberwitz der Geschichte setzte sich auf grimmige Weise noch fort. Nach dem Ersten Weltkrieg entschied 1920 eine Abstimmung, ob Marienburg bei Deutschland verbleiben oder an Polen fallen sollte; und wenige Jahre darauf legte der aus dem Hause Habsburg stammende Hochmeister Erzherzog Eugen sein Amt nieder, um den Orden vor der drohenden Auflösung durch die Nachfolgestaaten der Donaumonarchie zu bewahren – ein Schicksal, das den Orden dann aber doch traf. Adolf Hitler hob ihn 1938 in Österreich und ein Jahr darauf im Sudetenland auf. Daß der Orden dennoch diesen Tiefpunkt der Geschichte überlebte, ist vor allem einem Manne zu danken, der schon während der Aufhebung durch die Nationalsozialisten und mehr noch nach dem Ende des Krieges mit Umsicht und Eifer die Reorganisation dieser Gemeinschaft betrieb. Der Mann, der dieses Werk vollbrachte, war Hochmeister P. Marian Tumler.

Er bewahrte das europäische Vermächtnis des Ordens und trug entscheidend dazu bei, daß die Niederlassungen in Österreich und Jugoslawien, in Italien und vor allem auch im Süden Deutschlands, in Bayern, noch immer bestehen.

*Papst Coelestin III. übergibt dem Deutschen Orden das schwarze Kreuz. Historisierendes Gemälde.
Der Hinweis auf Papst Coelestin IV. beruht wohl auf einen Irrtum des Künstlers.*

Ritterliche Hilfe im Heiligen Land

Das Feldlager vor Akkon

Die Geschichte des Deutschen Ordens begann in der Ära der Kreuzzüge, in einer Periode europäischer Vergangenheit, in der die Menschen des Kontinents von der Idee der Befreiung des Heiligen Grabes und der Stätten Jesu Christi im Lande um Jerusalem beseelt waren. Es war die Zeit, in der Franzosen und Deutsche, Engländer und Italiener, Spanier und Iren die in Melodie und Wort überlieferten Gesänge anstimmten, mit denen Dichter wie Walther von der Vogelweide die Europäer beschworen, das Heilige Land von den Ungläubigen zu befreien.

»Gott seine Hilf' uns sende!
Und seine starken Hände,
schützen uns bei unserm Ende,
wenn uns der Geist vergeht,
vor heißem Höllenwallen,
daß wir hinein nicht fallen!
Es ist bekannt uns allen,
wie jämmerlich es steht.
Das hehre Land, das reine,
ist hilflos und alleine.
Jerusalem, nun weine,
wie dein vergessen ist.
Der Heiden stolze Heere
bedrängen dich zu schwere:
bei deines Namens Ehre
erbarm' dich, Jesu Christ,
der Not, mit der sie ringen,
die dort die Bürgen dingen,
daß sie uns so bezwingen,
das wend' in kurzer Frist.«

Die Kreuzzüge waren im eigentlichen Sinne freilich viel mehr als ein bloßes Sinnbild der Gläubigkeit. Sie stellten – aus dem Blickwinkel der Menschen des Mittelalters betrachtet – eine politische Aufgabe dar.

Ritter aus ganz Europa

In einem Traktat, das dem »Lob der neuen Ritterschaft Christi« gewidmet war – vermutlich verfaßt von Bernhard von Clairvaux –, findet sich in der blumigen Sprache der damaligen Zeit der Hinweis: »Milder denn Lämmer und wilder denn Löwen seien die Streiter, die des Mönches Sanftmut und des Ritters Tapferkeit vereinten, die man Mönch oder Ritter zu heißen im Zweifel sein könnte.« P. Marian Tumler schrieb dazu in seiner Ordenschronik:

»Im Jahre 1096 sammelten sich gewaltige Heeresmassen in Frankreich, Italien und Lothringen. An der Spitze standen die Herzöge von Lothringen und Toulouse sowie die Normannenfürsten von Sizilien und der Normandie. Sammelpunkt der Heere sollte Konstantinopel sein. Hier sammelten sich dann auch an die 300 000 Krieger. Sie ließen sich nach Kleinasien übersetzen und eroberten Nicäa, den Hauptwaffenplatz der Seldschuken. Unter steten Kämpfen mit feindlichen Scharen und um die festen Städte gelangte das Heer nach Antiochia, damals eine der umfangreichsten und festesten Städte. Aber durch Überrumpelung, die christliche Armenier vorbereitet hatten, konnte die Stadt genommen werden. Es war höchste Zeit, denn drei Tage später stand das Seldschukenaufgebot ganz Vorderasiens vor der Stadt. Nun beging Sultan Kerbuga einen verhängnisvollen Fehler: Er bot den Christen eine Feldschlacht an, statt sie einfach auszuhungern. Das durch Strapazen und Verluste geschwächte Christenheer warf sich mit ungeheurer Begeisterung auf den Feind und zersprengte die numerisch überlegenen Massen. Nun lagen Syrien und Palästina wehrlos da.«

Die Kreuzfahrer hatten das Heilige Land erreicht, aber sie hatten ihr Ziel noch nicht erreicht, vor allem, weil, wie P. Marian Tumler es ausdrückte, »alles fehlte, was wir heute Etappenwesen nennen: Vorsorge für Unterbringung und Versorgung der Kreuzfahrermassen, der Verwundeten und Maroden«.

Hilfe für kranke Kreuzfahrer

Die Johanniter gründeten daher, nahe bei der Kirche des Heiligen Grabes, ein erstes bescheidenes Hospital. Die Not im Feldlager vor Akkon erforderte jedoch größere Hilfe und führte schließlich zur Gründung des Deutschen Ordens. In einem 1210 von einem Ordensbruder verfaßten Bericht steht zu lesen:

»1190 Jahre nach der Geburt des Herrn, zur Zeit, da Akkon von den Christen belagert und mit Gottes Hilfe aus der Hand der Ungläubigen wieder gewonnen wurde, waren im Heere auch gute Leute aus Bremen und Lübeck, die, von der Liebe unseres Herrn getrieben, sich der mannigfachen Gebrechen der Siechen im Heer erbarmten und ein Hospital unter dem Segel eines Kogge genannten Schiffes errichteten. Dieses kleinen Beginns erbarmten sich Herzog

Friedrich von Schwaben und andere Große. Nach deren Rat sandte der Herzog einen Boten übers Meer an seinen Bruder König Heinrich, der dann Römischer Kaiser wurde, daß er beim Papste Cölestin die Bestätigung des Spitals erlange und ihm für die Siechen das Leben nach dem Spital St. Johanns zu Jerusalem und die Ritterschaft nach der Regel der Templer gewähre. Es geschah dann, daß beider Regeln und ihre Freiheiten durch die Gnade unseres Herrn und die Liebe des Papstes selbigem Spital gegeben und bestätigt wurden.«

P. Marian Tumler sah in diesem Werk gewissermaßen eine moralische Bestätigung der Kreuzzüge. Er erklärte in seiner Ordenschronik: »In manchen Büchern werden die Kreuzzüge scharf verurteilt, weil sie nichts anderes bedeutet hätten als sinnloses Hinopfern der Elite Europas für einen schmalen Streifen Landes, der doch nicht zu halten und auch der Opfer nicht wert war. Dagegen muß man vor Augen haben, daß sich die mittelalterlichen Menschen bei allem Idealismus als sehr praktische und weitschauende Realisten erwiesen. Das praktische Interesse des Abendlandes forderte gebieterisch Ruhe vor neuen Angriffen des Mohammedanismus so lange, bis ihm das Abendland ebenbürtig war. Das wurde glänzend erreicht.« Hinzu kam: Die Geburtsstätte des Deutschen Ordens befand sich in einer – wie man es heute ausdrücken würde – strategisch wichtigen Lage, nämlich auf halbem Wege zwischen Jaffa und Beirut.

Privilegierung des Deutschen Ordens durch Papst und Kaiser.

Richard Löwenherz und Friedrich Barbarossa

Beinahe 200 Jahre diente Akkon als Haupthafen der Kreuzfahrerheere, ob sie nun aus Spanien oder Frankreich, aus dem Heiligen Römischen Reich oder England kamen. Auch der später in Gefangenschaft geratene Richard Löwenherz betrat – über Kreta und Zypern kommend – in Akkon den Boden des Heiligen Landes. Doch nicht allein Richard Löwenherz geriet in Bedrängnis. Es gab noch weit schlimmeres Leid – das zugleich unmittelbare Gefahr für die Kreuzfahrer bedeutete. Friedrich Barbarossa ertrank im Jahre 1190 auf dem Zug ins Heilige Land im Flusse Saleph und sein Sohn, Herzog Friedrich, mußte das angeschlagene Heer bis vor die Tore von Akkon führen, getreu nach dem Worte des Walther von der Vogelweide:

»Christen sagen, Juden, Heiden, daß das Land ihr Erbe sei: Gott wird es zu Recht entscheiden, er bei seinen Namen drei. Alle Welt begehrt das Land: Unser Recht sei anerkannt, uns geb' er es in die Hand.«

Herzog Friedrich erreichte wohl Akkon und sein Heer eroberte schließlich auch die Hafenstadt. Der Herzog selbst aber starb vor dem Sieg im Feldlager an einer Seuche.

Die Vision Preußens

Joseph von Eichendorff maß dem Deutschen Orden eine besondere und über seine Tätigkeit im Heiligen Land weit hinausreichende Bedeutung zu. Eichen-

Handschrift aus der 2. Hälfte des 18. Jh. (Hs. 732A DOZA).

dorff hinterließ die Worte: »Unter den Ritterorden des Mittelalters hat der Orden der Deutschen Ritter für Deutschland bei weitem das wichtigste Interesse, nicht nur weil er uns landsmännisch angehört, sondern hauptsächlich durch die eigentümliche Entwicklung seiner Geschichte.«

Die Brüder des Deutschen Ordens trugen, bevor sie – getrieben vom Schicksal oder einer Vision – nach Preußen zogen, die vielzitierten Farben der »künftigen Macht«. »Aus dem Weiß ihres Mantels hob sich das schwarze Kreuz.« Was sich in Preußen zur staatstragenden Idee auslebte, blieb bei der Gründung im Jahre 1190 in Akkon noch tief im Schoße der Zeit verborgen. Während sich zunächst Kaufleute aus Bremen und Lübeck und bald darauf Brüder des Deutschen Ordens um Sieche und Marode kümmerten, befreiten die Kreuzfahrer Byzanz vom Zugriff der Seldschuken und König Heinrich VI. eroberte Sizilien. Was in dieser Zeit vor Akkon geschah, war vergleichsweise bescheiden. Es waren Hilfe und Caritas, praktiziertes Christentum.

Vom Hospitalorden zum Ritterorden

In einer Urkunde aus dem 12. Jahrhundert steht zu lesen: »Als die Bürger von Bremen und Lübeck ihre Heimat wiederzusehen verlangten, übergaben sie das Hospital mit allen Almosen, deren es genügend gab, und allen Zugehörungen dem Kaplan Konrad und dem Kämmerer Burchard. Die Genannten, Kaplan und Kämmerer, legten demütig die Profeß ab und begannen das Hospital zu Ehren der Gottesgebärerin Maria zu führen. Als Namen wählten sie ›Hospital St. Mariens der Deutschen zu Jerusalem‹.« Kurze Zeit darauf nahm der Papst das Hospital und die darin dienenden Brüder des Deutschen Ordens in seinen Schutz. Das war – und damit zeigt sich wohl wiederum die Magie der Geschichte – 1191 nämlich, genau in dem Jahr, in dem die Hohenzollern, die Träger der künftigen Macht in Preußen, die Würde als Burggrafen von Nürnberg verliehen bekamen. Der Orden selbst wiederum erhielt um die gleiche Zeit, wie P. Marian Tumler es in seiner Chronik ausdrückt, »nicht unbedeutende Schenkungen«.

»Er konnte Niederlassungen zu Gaza, Jaffa, Askalon, Rama und Zamsi errichten. Eine tiefgreifende Änderung brachte dann der Kreuzzug Kaiser Heinrichs VI. Ein mächtiges Heer stand schon teilweise im Heiligen Lande und erwartete die Ankunft des Kaisers. An seiner Stelle traf jedoch die Nachricht vom Tode des Monarchen ein. Die deutschen Prälaten und Fürsten – es waren nicht weniger als vierzehn – entschlossen sich, vor ihrer Heimkehr den Deutschen Orden in einen Ritterorden zu verwandeln. Der Plan wurde im Frühjahr 1198 in einer illustren Versammlung durchgeführt. Im Hause der Templer kamen elf Bischöfe, neun weltliche deutsche Reichsfürsten und die Großmeister der Templer und Johanniter zusammen. Sie bestimmten, der Deutsche Orden solle die Regel der Templer für die Kleriker, Ritter und die anderen Brüder beobachten, die Regel der Johanniter für die Armen und Kranken annehmen. Anschließend wurde Meister Walpoto, ein Bruder des Ordens ritterlichen Standes, zum Meister bestellt.«

Nach der offiziellen Zählung gilt Meister Walpoto auch als erster Hochmeister des Deutschen Ordens. Die Gebietiger, die vor ihm amtierten – wie die Meister Sibrand, Gerhard und Heinrich – trugen nur den Titel Meister und wurden zuweilen lediglich als Magister tituliert. Die Brüder des Deutschen Ordens faßten ihre Tätigkeit allezeit als Verpflichtung auf, die gelegentlich bis in unsere Zeit hinein als Fingerzeig aufgefaßt und gedeutet werden könnte. In einer Regel des Deutschen Ordens über die bei der Krankenpflege zu entwickelnden Methoden heißt es: »Die Komture sollen sich eifrig um Pfleger bemühen, welche Andacht und Mitleiden zur Pflege antreiben. Komtur und Brüder müssen vor Augen haben, daß beim ersten Empfang des Ordenskleides den Kranken zu dienen ebenso fest zu geloben ist, wie die Ritterschaft zu halten.«

Eine andere Regel könnte heute nachgerade als Musterbeispiel für eine sinnvolle und zugleich ökonomisch klug verantwortete Krankenpflege gelten. Da heißt es nämlich: »Der Spitler ist nicht zur gewöhnlichen Rechnungslegung verpflichtet, damit er sein Amt, Milde zu üben, um so besser ausüben könne.« Diese Überlieferung – die heute weitgehend aus der Mode gekommen ist – fand Joseph von Eichendorff beim Studium der Geschichte der Marienburg noch durchaus verbürgt und verbrieft vor. Der

Schwerterkette (Detail). 2. Hälfte des 15. Jh.

aus Schlesien stammende Dichter schrieb: »Kranke oder altersschwache Brüder durften an der reichlichen und nur mit der gesündesten Nahrung versehenen Tafel der Firmarie teilnehmen. So hießen nämlich die Krankenanstalten des Hauses, deren eine, die Herrenfirmarie, im nordwestlichen Flügel des Mittelschlosses, die andere für die Knechte in der Vorburg an der St. Lorenzkapelle lag.«

Der Blick nach Europa

Erstaunlich ist, daß der Orden, der sich nach den Worten von P. Marian Tumler »unter den ersten Meistern still, aber beachtlich entwickelte«, früh über die Stätten des Heiligen Landes hinaus nach Europa sah. Der Orden erhielt Schenkungen Ottokars I. von Böhmen, er gründete eine Niederlassung in Palermo, ein Hospital in Halle an der Saale und eines an der Eisack-Brücke in Bozen. Es gab schon früh, im 13. Jahrhundert, Komture in Prag und im apulischen Bari und es existierten Ritterlehen in Calamanta an der Südküste Griechenlands. Zunächst stellten sich aber die Dinge im Heiligen Land für die Brüder noch gut dar. Das bezeugt unter anderem ein 1224 verfaßter Brief des Papstes an den letzten großen Staufer Friedrich II. In diesem Brief steht zu lesen: »Bruder Hermann von Salza, Meister des Deutschen Hauses, war bei Uns und überzeugte Uns, daß es in Euerer Absicht liege und Euch und ihm dienlich scheine, daß der Kaiser über das so schwierige Werk des Heiligen Landes mit den Fürsten persönlich verhandle.« Was diese »Verhandlung« mit den Fürsten praktisch bedeutete, erläuterte P. Bernhard Demel, der Leiter des Zentralarchivs des Ordens in Wien, 1976 in einem Vortrag: »Dank kaiserlicher Zuwendungen und

Papst Honorius III. (1216–1227) bestätigt am 24. August 1216 zu Narni die Übereignung des Koblenzer Ordenshauses an die Ordensbrüder.

günstiger Güterkäufe begann der Orden unter Hochmeister Hermann von Salza mit dem Bau einer Hauptfeste Monfort unweit von Akkon, die als Verwaltungsmittelpunkt und Meistersitz, als sichere Aufbewahrungsstätte des Ordensschatzes und Ort wichtiger Entschlüsse sich mit Akkon in der Residenzfunktion zeitweise abwechselte.«

Das alles geschah – und darin liegt die über diese Zeit hinausweisende Bedeutung – in einer bewegten Periode der Geschichte. Im Jahre 1198, als der Hospitalorden in einen Ritterorden umgewandelt wurde, herrschte Unruhe im Heiligen Römischen Reich: Der Welfe Otto IV. griff nach der Reichskrone und Philipp von Schwaben starb durch Mörderhand. Es war aber gleichwohl eine Zeit, in der gelegentlich vorausgedacht wurde.

Zeit der Unruhe und der Besinnung

Es war eine Zeit der Gegensätze, der sich abzeichnenden inneren Wandlungen, aber es war auch eine erfüllte Zeit. Es war die Zeit des Staufers Friedrich II., über den der weise Jakob Burckhard die Worte prägte: »Der erste moderne Mensch auf dem Thron hatte sich früh gewöhnt an eine völlig objektive Beurteilung und Behandlung der Dinge. Dazu kam eine nahe, vertraute Kenntnis mit dem Innern der sarazenischen Staaten und ihrer Verwaltung und jener Existenzkrieg mit den Päpsten, welcher beide Parteien nötigte, alle denkbaren Kräfte und Mittel auf den Kampfplatz zu führen.

Friedrich II. zentralisierte die ganze richterliche Gewalt und die Verwaltung in einer bisher für das Abendland unerhörten Weise.«

Hinzu kam der Geist einer inneren Ordnung, eine politische Vision, die den Deutschen Orden, wenn auch im kleineren Maße schon im Heiligen Land, später jedoch im großen Umfang und als staatstragende Idee in Preußen erfüllen sollte. Reinhold Schneider empfand diese bindende Staatsphilosophie nach und erklärte: »Der Hochmeister kann keine entscheidenden Entschlüsse fassen ohne die Zustimmung des Kapitels; er bedarf dieser selbst zur Einsetzung der oberen Beamten. Mehr noch: Das Kapitel kann ihn zur Rechenschaft ziehen; erscheint er nach der dritten Vorladung nicht, so geht er seines Amtes verlustig. Den Beschlüssen der Mehrheit unterliegen sein Wille, seine Einsicht. Obwohl er als der Höchste des Ordens gilt, so kann doch der Deutschmeister im Falle einer Amtsverletzung Autorität über ihn ausüben. Der Geist der Gemeinsamkeit, des uneingeschränkten Dienstes, vollbringt in dieser Verfassung sein höchstes Werk. Alle Instanzen sind ineinander verklammert, voneinander abhängig. Niemals gehört dem einzelnen das bestimmende Wort.«

Priestertum und Ritterschaft als Aufgabe – dieser Geist und diese Gesinnung werden auch in einem Gedicht deutlich, das der Deutschordenspriester und Dichter Nikolaus von Jeroschin im frühen 14. Jahrhundert seinen Brüdern in der Marienburg ans Herz legte:

»O mildir got gehilf uns dar
da wir in diner clarheit clar
mit dir voreint minneclich
an underbruch beschouwen dich
und dir lobsingen immer me.
Amen und benedicte.«

Abschied vom Heiligen Land

In der Todesstunde des Rudolf von Habsburg – also im Jahre 1291 – eroberten die Mamelucken Akkon. Der mit Opfermut ertrotzte politische Gewinn des Deutschen Ordens – und zugleich aller anderen im Heiligen Land wirkenden Orden – ging für Europa verloren. P. Marian Tumler schrieb über diesen schweren Verlust, der den Orden in einer Art Kettenreaktion traf: »Die schöne Ballei Armenien mit Akkon, der Wiege des Ordens, und mit dem herrlichen Monfort mußte schon 1291 vor dem Ansturm der Mohammedaner gänzlich verlassen werden. Die Ballei Romanien, im heutigen Griechenland gelegen, teilte dies Schicksal. Als das lateinische Ritterheer von einer abendländischen Söldnerschar vernichtet wurde, errangen die Griechen langsam ihre Freiheit und nahmen den Lateinern Platz um Platz weg. Wann die Ordensbrüder ihre Häuser räumen mußten, ist nicht zu erweisen. In dem mächtigen Mostenizza, im Herzen Arkadiens, scheinen noch um 1430 Brüder gewesen zu sein. Zu Modon, der starken Seefeste an der Südwestecke des Peloponnes, erlagen sie erst um 1500 dem Angriff der Türken.«

Während sich nach den Worten von P. Bernhard Demel »im östlichen Mittelmeerraum die Verhältnisse für die christliche Sache wenig hoffnungsvoll entwickelten, vollzog der Orden die Verlegung seines Hauptsitzes auf die Marienburg in Preußen«. Davor aber lagen noch zwei wichtige Ereignisse: die kurze Zeit des Ordens in Venedig unter den Argusaugen des Dogen und die Tätigkeit der Ordensbrüder im Burzenland. Erst danach wurde mit der Goldenen Bulle von Rimini der Weg nach Preußen anvisiert.

Das alles ist heute Geschichte. Bleibend ist aber die 1970 beschlossene Wiederannahme des alten Ordensnamens »Brüder vom Deutschen Haus St. Mariens in Jerusalem«.

Was am Ende jedoch auch als Zeugnis einer ganz Europa umspannenden Geschichte weiterbesteht – als Zeichen einer Zeit, die Opfer verlangte – das ist die Vision des Leidens. Reinhold Schneider widmete diesem Leidenswillen des Ordens melancholische Gedanken: »Es ist nur ein Schritt vom Tragischen zum christlichen Paradox, denn auch das Christentum verlangt das Unmögliche: Zu hoffen wider die Hoffnung und dem den Rock zu geben, der den Mantel nimmt; zu besitzen, als besäßen wir nicht, immerfort sterbend zu leben.« (Schneider, Hohenzollern)

Rettungstat für Europa im Karpatenbogen

Die Marienburg in Siebenbürgen

Es war die Zeit der Troubadoure, als der Deutsche Orden im Jahre 1210 nach Siebenbürgen, genauer gesagt: ins Burzenland, gerufen wurde. Es war die Zeit, in der die Minnesänger ihre Melodien erklingen ließen. Es war die Zeit, in der Wolfram von Eschenbach seinen »Parzival« dichtete und Gottfried von Straßburg den »Tristan«.
Es war die Zeit, in der Eike von Repgow in seinen »Sachsenspiegel« die grimmige Weisheit schrieb: »Wer zuerst kommt, mahlt zuerst.« Aber es war auch die Zeit, in der nach Ricarda Huch die Geschichte von der Erschaffung Siebenbürgens von Mund zu Mund ging, die Erschaffung eben jener Landschaft, in die – nach der Legende – der Rattenfänger von Hameln unzählige junge Menschen hineinlockte.
»Als am dritten Tage der Schöpfung Gott die Feste des Himmels errichtet und die Wasser der Welt soweit zurückgedrängt hatte, daß die Erde sichtbar zu werden begann, stieg auch ein Land aus den Fluten des Meeres empor, von dem im Anfang nichts als drei Bergspitzen, genauer: drei lang gezogene zackige Kämme wahrzunehmen waren. Von ihrem grauen Rücken troff dick der feuchte Schlamm der Nacht, deren Ende unerwartet angebrochen war. Aber schon wärmte und weckte geduldiges Licht ihre verborgenen Lebensgeister und spielte in ihren Flanken, bis sie funkelten. Da barsten sie an einigen Stellen und bröckelten ab. Endlich lagen sie wieder ruhig da wie Riesenkrokodile im sonnigen Tümpelwasser und sahen so aus, als habe jemand ihre höckerigen Rückenwirbelsäulen so zueinander geschoben, daß sie ein fast regelmäßiges Dreieck bildeten.« (Huch, Im alten Reich)
Auch P. Marian Tumler begeisterte sich für die Schönheit und geschichtliche Bedeutung dieses Winkels in Südosteuropa. In seiner Ordenschronik steht darüber zu lesen:
»Das Burzenland, wohl nach dem Burzenbache benannt, liegt hart an der Südostecke des ehemaligen Ungarn. Die äußere Umrandung bildet der Karpatenwall, in diesem Abschnitt Transsylvanische Alpen benannt. Er springt hier plötzlich von der bisherigen südöstlichen Richtung nach Süden und Südwesten um. Durch die Richtungsänderung und den Grabenbruch wurde die Gebirgsfaltung gestört. Der Karpatenwall, in der Slowakei und in Karpatorußland geschlossen und mauergleich, löst sich in Klötze auf, die durch tiefe Einsattelungen voneinander getrennt sind. Diese Einsattelungen waren auch die Einfallstore für die Steppenvölker, die sich von 375 bis um 1200 nach Christus in fast ununterbrochener Folge durch Südrußland nach dem Westen vorschoben. Das orographisch ungemein abwechslungsreiche Burzenland ist auch wirtschaftlich hervorragend ausgestattet: Tiefgründiger Schwemmboden im weiten, durch Hügel gegliederten Tale, riesige Wälder an den Berghängen, eine Kette von Heilquellen unter den dunklen Vulkanbergen, ausgezeichnetes Baumaterial aus den wilden Kalk- und Sandsteinklötzen im Süden und endlich muß auch die Vermittlerrolle zwischen dem ungarischen Becken und dem Osten erwähnt werden.«

Karpatenland mit offenen Grenzen

Dieses im Süden von der Kleinen und Großen Walachei, im Norden vom Lauf des Flusses Alt umfangene Land grenzte im Osten an das Siedlungsgebiet der Kumanen und lag mit offenen Pässen, menschenleer, öde und schutzlos vor den Weiten Ungarns. »Diese gefährlichen Einbruchstellen des sonst ideal umwallten Königreichs Ungarn galt es zu schützen. König Andreas II., der Vater der heiligen Elisabeth, beschloß dazu den Deutschen Orden zu berufen«, erklärte P. Marian Tumler. Der Träger der Stephanskrone hatte das Wirken des Deutschen Ordens schon in Akkon mit eigenen Augen gesehen und war von dem Werk der Brüder offenbar angetan. Das läßt jedenfalls die Urkunde vermuten, die der König in Gegenwart von zwölf Bischöfen und zwölf weltlichen Großen seines Reiches besiegelte und damit – wie es damals ausgedrückt wurde – »zum Wohle Ungarns« den Deutschen Orden ins Land rief.
»Wir, Andreas, König von Ungarn, Dalmatien, Kroatien, haben den Kreuzherren St. Mariens zu Jerusalem ein Gebiet namens Burzenland, jenseits der Berge gegen die Cumanen hin, jetzt freilich öde und unbewohnt, zu friedlichem Wohnen und ewigem Besitz übertragen, damit das Königreich durch ihre Tätigkeit erweitert werde.«

Beginn im Burzenland

Als die Ritter des Deutschen Ordens in das Burzenland zogen, zeichnete sich im Herzen Europas eine bewegende Entwicklung ab. Die Zisterzienser erbauten ihr bis heute in seiner ganzen Schönheit bewahrtes Kloster Maulbronn. Die Wittelsbacher rüsteten sich, auf dem Boden der Rheinpfalz ihr weiß-blaues Fähnchen emporzuziehen. Im Reiche jedoch erklangen derweilen die Weisen der Minnesänger, über die Gottfried von Straßburg schrieb:
»Ich waene, ich si wol vinde,
diu di baniere vüeren sol:
ir meisterinne kan ez wol,
diu von der Vogelweide;
hi wie diu über heide
mit hoher stimme schellet,
waz wunders si stellet.«
Doch in dieser erfüllten Periode deutscher Geschichte blühte nicht allein die Baukunst oder die Gabe, weiß-blaue Fahnen zu schwingen und Minnelieder zu intonieren. Im frühen 13. Jahrhundert wurde als politische Tat von Gewicht der Versuch unternommen, mit Hilfe der Ritter des Deutschen Ordens dem Südosten Europas Frieden zu schenken und diesen Frieden auch zu bewahren. Der aus dem siebenbürgischen Kronstadt stammende Schriftsteller Hans Bergel bewertet diese Entwicklung mit dem Hinweis: »Dreizehn Jahre nach der Umwandlung in einen geistlichen Ritterorden in dem nördlich von Haifa gelegenen Akkon nahm der Komtur Theoderich 1211 im Namen der Deutschordensritter auf Anweisung des Hochmeisters Hermann von Salza die Terra Borza in Siebenbürgen als Lehen vom ungarischen König entgegen. Die Terra Borza – das Burzenland – ist eine von Bergzügen umstandene Hochebene im äußersten Südosten Siebenbürgens von der viermaligen Ausdehnung Münchens. Hatten die ungarischen Arpadenkönige schon ein Dreivierteljahrhundert vorher den Osten und Südwesten Ultralisvaniens, wie Siebenbürgen in den königlichen Kanzleien genannt wurde, durch deutsche Siedler erschließen und gegen Einfälle militärisch sichern lassen, so war diese Landschaft im Knick zwischen Süd- und Ostkarpaten das Schlußstück der bedrohten Grenze.

Da eine Komturei mit ihrem Konvent von Rittern und Priestern zu klein war, um Landbesiedlung, -kultivierung und -schutz durchzuführen, holte sich der Orden nach strengen Ausleseverfahren die besten Bauern und Handwerker aus dem übrigen Siebenbürgen ins Burzenland. Er leistete hier in nur vierzehn Jahren seiner Tätigkeit selbst im Maßstab moderner Erschließungstechnik Erstaunliches. Die Gründung der noch heute bestehenden Städte und Gemeinden sind sein Werk: Wahrscheinlich Kronstadt, mit Sicherheit Rosenau, Petersberg, Zeiden, Honigberg, Tartlau und, als Sitz des Komturs, Marienburg am Altfluß. Diese Ortschaft ist heute noch erhalten, von der Burg stehen Ruinen.

Zudem sicherten die Ritter nicht allein durch Straßenlegungen den Verkehr; sie führten auch ein mustergültiges Rechts- und Verwaltungswesen ein und schufen ein Burgennetz von lückenloser strategischer Dichte: Die Kreuzburg am sogenannten Tatarenpaß, die Heldenburg, die Schwarzburg, die Rucărburg und die Marienburg bilden einen geschlossenen Abwehr- und Verständigungsring. Ich bin als Halbwüchsiger mit Freunden über die Ruinen dieser in der herrlichen Berglandschaft der Terra Borza gelegenen Burgen gelaufen; in den Nächten machten wir uns einen Spaß daraus, durch Feuer das Kommunikationssystem der Ritter nachzuvollziehen und zu prüfen, ob es auch funktionierte.«

Schutz für das ganze Abendland

Das Funktionieren des Kommunikationssystems von Burg zu Burg faszinierte auch P. Marian Tumler. Er schrieb: »Die militärisch gut geschulten Brüder suchten sich zum Bau ihrer Burgen leicht zu verteidigende Plätze in nicht zu großer Entfernung voneinander aus, damit sich die Besatzungen durch Feuersignale leicht verständigen und unterstützen konnten. Es dürfte nicht viel anders gewesen sein als zwanzig Jahre später in Preußen, wo Abstände von 35 bis 40 Kilometern von Burg zu Burg gewählt wurden.«

Der Einsatz des Deutschen Ordens im Burzenland gilt als erste und politisch in die Zukunft weisende Tat des Hochmeisters Hermann von Salza, den P. Marian Tumler mit den Worten ehrte: »Mit Hermann von Salza tritt einer der großen Männer seiner Zeit an die Spitze des Ordens. Das wurde für die Entwicklung des letzteren von ausschlagender

Bedeutung. Hermann entstammt dem Thüringerlande, das dem Deutschen Orden im 13. Jahrhundert viele große Männer geschenkt hat.«

Hermann von Salza war, wie es einmal formuliert wurde, ein Mann, »von dem ein Zauber ausging«. Er war gerecht gegen jedermann und er war zugleich auch mit der Gabe des Weitblicks beschenkt. Das nicht selten zügellose Beutemachen der Ritter geißelte er mit dem Wort: »Wir fürchten, daß die Habgier viele werde Diebe bleiben lassen.« Doch dieser Hochmeister hatte nicht allein ein bemerkenswertes diplomatisches Geschick. Er besaß auch das uneingeschränkte Vertrauen des Staufers Friedrich II. und nicht zufällig mußte er wieder und wieder für seinen Kaiser heikle Aufgaben übernehmen, unter anderem auch das – jedenfalls für einen Ordensoberen – erstaunliche Amt eines kaiserlichen Brautwerbers.

Zeichen und Symbole

Der letzte große Staufer ließ in dieser Zeit wohl als Symbol einer glücklichen und vielleicht sogar gottgesegneten Ära Münzen im altrömischen Stile prägen, die auf der einen Seite den Reichsadler und auf der anderen nach dem Beispiel des Kaisers Augustes sein eigenes Abbild mit dem Lorbeerkranz auf dem Haupte zeigten. Diese Münzen werden als »Goldaugustalis« bezeichnet. Vielleicht waren sie in der Tat ein Zeichen eines zweiten – oder wiedergekehrten – Augusteischen Zeitalters. Friedrich II. besaß das Vertrauen von Innozenz III. Der Papst hatte ihn auch – dem Welfen Otto IV. zum Trotz – zum deutschen Gegenkönig erhoben. Er nahm dem meist in Süditalien residierenden Staufer nur das Versprechen ab, Sizilien und das Land um Neapel als immerwährendes päpstliches Lehen zu betrachten, aber niemals mit dem Reiche zu verbinden. Friedrich II. ging dieses Versprechen ein und er gelobte dem Papst gleichfalls, an einem Kreuzzug ins Heilige Land teilzunehmen – ein Versprechen, das er allerdings lange Zeit vor sich hinschob und erst sehr spät einlöste, immerhin aber zu einer Zeit, in der in Europa ein Jubellied über die Einnahme von Jerusalem aufklang.

Wappen und Aufzählung der Verdienste des Hochmeisters Hermann von Salza (1209–1239). Handschrift aus dem Jahre 1710 (Hs. 155 DOZA).

Siegel von Kaiser Friedrich II. (1212–1250).

Kreuzesstätten und die Wartburg

In die Jubelweise über die Eroberung von Jerusalem drängt sich die Gestalt der später heiliggesprochenen Elisabeth, die als Tochter des Königs von Ungarn – der die Deutschordensritter in sein Land gerufen hatte – im zarten Alter von vier Jahren nach der Sitte der damaligen Zeit mit dem ebenfalls noch sehr jungen Landgrafen von Thüringen verlobt und auf die Wartburg gebracht wurde. Sie heiratete dort den Mann, dem sie als Kind zugesprochen wurde, als sehr junge Frau tatsächlich. In der Heimat dieser Frau suchten die Deutschordensritter gleichzeitig das Burzenland durch Wehrbauten zu schützen. P. Marian Tumler hinterließ darüber die Aussage: »Die ersten Burgbauten haben wir uns nach der königlichen Verfügung noch als Holzbauten zu denken. Solche waren bei dem Holzreichtum des Landes rasch, mit wenig Aufwand

Heiligsprechung der Elisabeth von Thüringen (1207–1231) durch Papst Gregor IX. (1227–1241) am 26. Mai 1235 in Perugia.

und auch mit ungeschulten Arbeitskräften herzustellen. Wiederholte Angriffe der Kumanen erweckten aber das Verlangen nach feuersicheren Wehrbauten und nach solchen, die die Gebirgspässe selbst sperrten. Das setzte den Übergang übers Gebirge voraus. Die Königsurkunde von 1222 kam diesen Wünschen entgegen, indem sie den Bau steinerner Städte und Burgen erlaubte, und dem Orden das Gebiet der Kreuzburg bis zum Lande der Prodnici und von den Grenzen von Almage und den Quellen des Burzenbaches bis zur Donau schenkte.«

Diese Einsicht des Königs führte zur Befriedung des Landes. In einem Bericht von 1223 heißt es: »Die Cumanen, darüber erschreckt und verbittert, daß ihnen der Weg versperrt wurde, sammelten ein gewaltiges Kriegsheer und griffen die Brüder an. Sie ließen, zurückgeschlagen, eingeschüchtert ab, ja, einige von ihnen ergaben sich den Brüdern und empfingen mit ihren Kindern und Frauen die Taufe.«

Undank des ungarischen Königs

Doch dieser Erfolg zahlte sich für den Deutschen Orden nicht aus. Das Verhältnis zwischen den ins Land gerufenen Rittern und dem König von Ungarn kühlte sich allzubald bis zur Feindseligkeit ab. Der über diese Entwicklung offenbar bestürzte Papst mahnte die Brüder, »vor keiner Drohung und Gewaltmaßnahme das Land ohne seine und des Meisters Zustimmung zu räumen« (Tumler, Ordenschronik). An den König von Ungarn aber schrieb der Papst im Jahre 1225: »Wir haben oft Klagen der Brüder vernommen, daß du sie wegen des Burzenlandes zu Unrecht beunruhigst. Wir haben dir darüber oft geschrieben, bittend und mahnend, du mögest von ihrer Beunruhigung abstehen. Neulich haben wir ihre Klage vernommen, du seiest auf Antreiben einiger böser Menschen mit vielen Reitern in ihr Land eingedrungen. Dazu hast du ein Schloß, das sie jenseits der Schneeberge mit viel Mühe und Kosten erbaut hatten, gewaltsam besetzt, nachdem du die Brüder daraus vertrieben hattest. Und nachdem deine Leute mehrere Brüder und deren Leute getötet, andere verwundet und eingekerkert hatten, hast du, von ihnen demütig um Wiedergutmachung gebeten, ihre Bitten und Klagen überhört. Wir trauen das deiner Mildtätigkeit nicht zu, vielmehr den Einflüsterungen Böswilliger, die das Land durch die unermüdliche Tätigkeit der Brüder gewachsen sehen und in Gier nach demselben sich dir mit giftigen Ratschlägen nahen.«

In dieser Zeit kam auch der fatale Ausspruch auf, der Deutsche Orden wäre dem König von Ungarn wie »Feuer in den Eingeweiden, wie die Maus im Sacke und wie die Schlange am Busen«. Während der Hader des Königs mit dem Orden sich immer mehr zuspitzte, erhielten die Siebenbürger Sachsen ihren großen Freiheitsbrief und damit eine über die Spanne von Jahrhunderten hinweg bewahrte und besiegelte Anerkennung ihrer Heimat im Karpatenbogen — eine Anerkennung, die auch in ihrer Hymne bis heute aufklingt: »Heimat, o mütterliche, wohnend im liebenden Herzen. Obdach der Wiederkehr so vieler verlorener Söhne.«

Was von diesem »Obdach der Wiederkehr« nicht allein sinnbildhaft, sondern tatsächlich an sichtbarer und spürbarer Überlieferung aus der Zeit des Deutschen Ordens bewahrt blieb, zeichnete der Siebenbürger Hans Bergel auf: »Die prägende Kraft des Ritterordens war so stark, daß sich die Spuren davon auf vielerlei Ebenen bis in unser Jahrhundert erhielten. Zunächst war die Blüte der Gemeinden und Marktflecken um Kronstadt, ihr im siebenbürgischen Durchschnitt ungewöhnliches wirtschaftliches Gedeihen mit den über die Jahrhunderte hinweg fortschrittlichsten Arbeitsweisen in der Landschaft eine Folge der ihnen von den Rittern vererbten anspruchsvollen Maßstäbe.«

Deutsche, Rumänen und Ungarn

Im 16. Jahrhundert lebten im Burzenland 15 000 Deutsche, nur 2 400 Rumänen – sogenannte Walachen – und mit 400 Seelen verschwindend wenig Ungarn. Die Dominanz der Deutschen war nicht nur eine solche der Bevölkerungszahl, sondern vor allem eine der geistigen Dynamik. Sicherlich hängt es auch mit dem von den Rittern den Bewohnern dieser Landschaft hinterlassenen großräumig ausgreifendem Denken zusammen, daß die Kauf- und Handelsleute Kronstadts schon im Mittelalter die kommerziellen Verbindungen nach Vorderasien erschlossen. Bis nach Aleppo, dem heutigen Halab in Syrien, und auch darüber hinaus kamen sie als reisige Unternehmer, Warentauscher und Händler mit ihren bewaffneten Trossen. Die Kühnheit dieser Wegerschließungen über rund 2 000 Kilometer durch eine Vielzahl unruhiger Landstriche wirkt nicht zuletzt wie die Zurückverfolgung der Spuren, auf denen die Ritter einst aus Vorderasien ins Burzenland gezogen waren. Daß der seit einem Brand im 17. Jahrhundert Schwarze Kirche genannte bedeutendste Sakralbau der Deutschen im Südosten – er steht in Kronstadt – eine unter Kennern gerühmte anatolische Teppichsammlung besitzt, gilt als einer der kulturhistorischen Niederschläge dieser Beziehungen.

Weit über den Abzug des Ritterordens aus dem Burzenland hinaus gab es Versuche, den Orden wieder dorthinzubringen. Hatte schon Gregor IX., der Nachfolger des Papstes Honorius III., mit König Andreas II. von Ungarn umständlich hierüber korrespondiert, so unternahmen die Ritter noch im 18. Jahrhundert den Versuch einer Rückkehr. Er scheiterte an der mittlerweile historisch profilierten Individualität des erstarkten Bürger- und Freibauerntums. Das beiden von den Rittern einst eingepflanzte Selbstbewußtsein gab nun den Ausschlag gegen das Rückkehr-Ansinnen der Ritter.

Dieses in Siebenbürgen einst sprichwörtliche Selbstbewußtsein der Burzenländer ist es auch, was das Besondere des Menschenschlages dieser Landschaft im Vergleich zum übrigen Siebenbürgen bis vor kurzem noch ausmachte. Zweifellos hängt auch die Komponente ihres elitären Bewußtseins ebenso damit zusammen wie das Rationale ihrer Denkweise, das unter anderem auch dazu führte, daß in Kronstadt und dessen Umgebung zu Beginn unseres Jahrhunderts von Deutschen die ersten Industrien des Südostens geschaffen wurden.«

Ende und Erbe

Ebenso wie heute die Deutschen in Siebenbürgen Leid und Elend ertragen, erduldeten die Deutschordensritter in stiller Demut die Anfeindungen des ungarischen Königs getreu nach den Gesetzen ihres Ordens, die der Bozener

Deutschordenspriester Bruno Platter einmal mit den Worten umriß: »Der Ordenschrist ist hineingestellt in die Gemeinschaft seines Ordens und findet sich täglich in der Situation, sich darin zu bewähren und zu entfalten.«
Die – nach den Worten des Papstes – »Einflüsterungen Böswilliger«, die den König von Ungarn gegen den Orden aufbrachten, nahmen immer mehr zu. Bis zu einem gewissen Grade begannen diese »Einflüsterungen« schon im Jahre 1213, als die Frau des Königs von ungarischen Magnaten ermordet wurde und die Mörder versuchten, diese Untat dem Deutschen Orden anzulasten. Hinzu kam – als belastendes Element – freilich manche politische Leichtfertigkeit der Brüder. Selbst P. Marian Tumler kam zu diesem Schluß: »Man kann die Brüder nicht loben, daß sie schon nach zehn Jahren erreichen wollten, was ihnen als reife Frucht jahrzehntelanger Arbeit zufallen mochte. Sie übersahen auch, auf wie gefährlichem Boden sie sich befanden und den Zorn des Königs erregten.«

Während dieser – jedenfalls für den Orden – spannungsgeladenen Zeit zeichneten sich in Europa zwei Entwicklungsprozesse ab, die folgenschwer für die Ordensritter sein sollten. Im vielbesungenen »alten Reich« erhielt der Staufer Friedrich II. die Würde des Kaisers des Heiligen Römischen Reiches und im fernen Baltikum eroberten die Schwertbrüder die Stadt Dorpat. Den Brüdern besagte und brachte das nicht viel. Sie hatten mit ihrer eigenen Bedrängnis zu tun. Hermann von Salza

Darstellung der hl. Elisabeth von Thüringen im »Elisabethfenster«. Elisabethkirche, Marburg.

wollte seinen Brüdern helfen, doch der Papst hielt ihn in Italien »wegen dringender Geschäfte« fest, »für deren Erledigung sein Eifer und seine Umsicht nötig erschien.« Das einzige, was Hermann von Salza tun konnte, war, daß er sich für eine Wallfahrtsstätte am Grabe der ungarischen Königstochter Elisabeth in Marburg an der Lahn verwandte. Diese Wallfahrtsstätte – die noch heute wegen ihrer Schönheit bewunderte Elisabethkirche – wuchs weitgehend nach den Vorstellungen Hermann von Salzas empor und gilt, wie P. Marian Tumler es ausdrückte, als »bedeutendster Bau des Deutschen Ordens im altdeutschen Gebiet«.

Neue Ziele – jenseits von Siebenbürgen

Das alles geschah, als sich das Schicksal des Deutschen Ordens in Siebenbürgen längst vollendet hatte. 1225 wies der Ungarnkönig Andreas II. – der Vater der heiligen Elisabeth – die Deutschordensbrüder aus seinem Land. Für den aus Ungarn verdrängten Orden zeichnete sich jedoch am politischen Horizont eine neue, weil in die Zukunft weisende Aufgabe ab. Konrad von Masowien lud den Orden nach Preußen ein. Mit der »Goldenen Bulle von Rimini«, die der Staufer Friedrich II. im Namen der »unzerteilten Dreieinigkeit« besiegelte, wurde diese Einladung zur historischen und wegweisenden Wirklichkeit.
»Im Namen der heiligen und unzerteilten Dreifaltigkeit. Amen. Friedrich II, durch Gottes Erbarmung Römischer Kaiser,

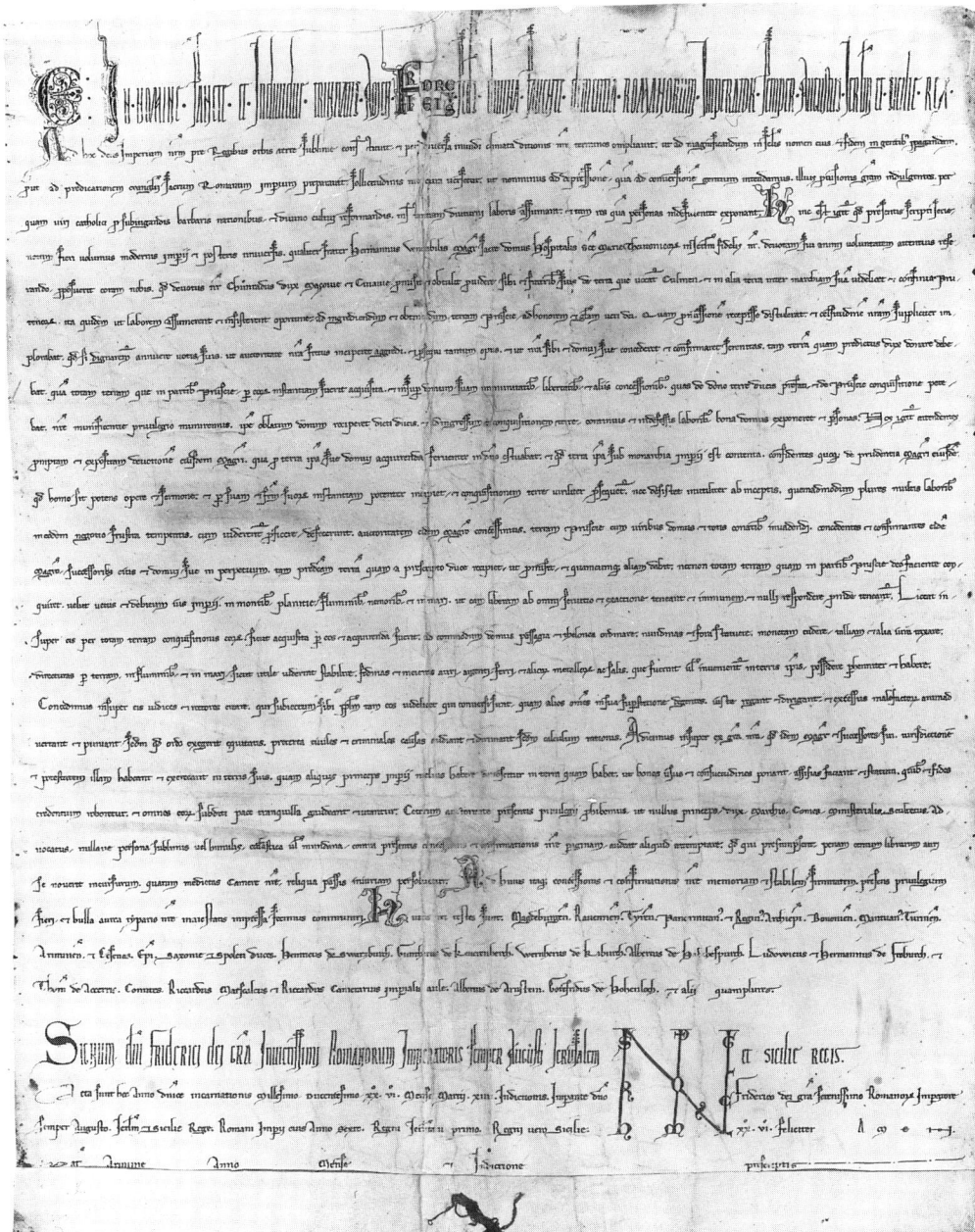

Goldene Bulle von Rimini (1226).

allzeit Mehrer des Reiches, König von Jerusalem und Sizilien. Gott hat Unser Reich dazu über die Könige des Erdkreises erhoben und über die verschiedenen Teile der Erde ausgedehnt, daß sich unsere Sorge auf die Erhöhung seines Namens und die Ausbreitung des Glaubens unter den Heiden richte. Daher wollen Wir allen Gegenwärtigen und Zukünftigen durch diesen Brief bekannt machen, wie Unser getreuer Bruder Hermann, der ehrwürdige Meister des Hauses und Hospitals der Deutschen zu Jerusalem, uns eröffnet und vorgebracht hat, daß Unser Getreuer, Herzog Konrad von Masowien und Kujawien, versprochen und angeboten habe, ihn und sein Haus mit einem Culmen genannten Lande und einem anderen Lande der Preußen auszustatten.

Wir gewähren und bestätigen dem genannten Meister, seinen Nachfolgern und seinem Hause auf ewig das genannte Land, das er vom erwähnten Herzog nach dessen Versprechen erhalten wird, und alles Land, das er mit Gottes Hilfe in Preußen erobern wird. Außerdem fügen Wir hinzu, daß der Meister und seine Nachfolger in ihren Ländern dieselbe Jurisdiktion und Gewalt haben und ausüben sollen, wie sie ein Fürst des Kaiserreiches in seinem Lande besitzt.

Gegeben zu Rimini, im Jahre der Menschwerdung unseres Herrn 1226 im Monat März.«

Was der Deutsche Orden von 1226 an in Preußen unternehmen und bewirken sollte, wurde zu einem Kapitel deutscher und europäischer Geschichte. Was der Orden im Burzenland, rings um die alte, die erste Marienburg erreichte, blieb dagegen nur ein Zwischenspiel von fünfzehn Jahren. Dies Zwischenspiel könnte allerdings durchaus als Warnung vor politischer Leichtfertigkeit und blindem Haß wirken. Es wäre nämlich denkbar, daß der Deutsche Orden, wäre er nicht nach Preußen gezogen, sondern im Karpatenbogen verblieben, dort als Schutzwall für Europa gewirkt hätte. Es wäre möglich, daß die Ritter dort nicht nur Ungarn, sondern ganz Europa vor mancher Gefahr und Bedrohung bewahrt hätten – angefangen vom Einfall der Mongolen bis hin zu den Kriegszügen der Heerscharen der Hohen Pforte. Die Tat des Prinzen Eugen, Europa zu schützen und von der Gefahr der Überflutung durch die Osmanen zu befreien – mit dem Hoch- und Deutschmeisterregiment der Stadt Wien an der Seite –, ist und bleibt eine späte Rechtfertigung des mannhaften Einsatzes der Deutschordensritter im Karpatenbogen.

Mission und Staatsgründung

Der Zug nach Preußen

Der Zug nach Preußen wurde für den Deutschen Orden zur Aufgabe und zum Schicksal zugleich; zur Aufgabe, weil – wie P. Marian Tumler es in seiner Ordenschronik ausdrückte – »der Verlust des Burzenlandes reichlich ersetzt wurde, als Herzog Konrad von Masowien für Hilfe gegen die heidnischen Preußen das Kulmer Land anbot. Hochmeister Hermann von Salza befragte sofort den Kaiser. Friedrich II. drängte zur Annahme. Hermann aber zögerte bis 1230. Ob er es tat, um die Ordensmacht nicht zu zersplittern oder weil ihm die preußische Angelegenheit noch nicht reif erschien, wissen wir nicht.«

Der Orden war um diese Zeit – nach dem Verlust der Besitzungen in Ungarn – an vielerlei Obliegenheiten gebunden. Es liegt nahe, daß Hermann von Salza Verpflichtungen in Griechenland, Italien und Spanien, in Frankreich, den Niederlanden und vor allem in Deutschland ernster nahm als eine – zugegeben – politisch verlockende, jedoch in ihrem Ausmaß und in ihrer Geschwindigkeit schwer einschätzbare Aufgabe in Preußen. Hinzu kommt, die Zeit, in der Hermann von Salza mit sich rang, ob er den ihm anvertrauten Orden guten Gewissens nach Preußen entsenden sollte, war ungeachtet aller politischen Hochspannung eine Periode der inneren Sammlung und Glaubensfestigkeit.

Es war die Zeit, in der der Begriff von der »Mater dolorosa« aufkam.
Es war die Zeit, in der im Dom zu Bamberg die Standbilder für Kaiser Heinrich II., den Heiligen, und seine Gemahlin Kunigunde aufgestellt wurden.
Es war die Zeit, in der Ludwig der Heilige die Krone Frankreichs trug.
Es war die Zeit, in der Friedrich II., der letzte große Staufer, bei seiner Pilgerfahrt zu den Stätten Jesu Christi die Würde eines Königs von Jerusalem annahm.
Es war die Zeit, in der sich die Europäer am »Sonnengesang« des Franz von Assisi erfreuten.
Es war die Zeit, in der sich nach den Worten P. Marian Tumlers ein unbestimmtes, ungestilltes Sehnen der mönchischen Ritterschaft des Hochmittelalters erfüllte.

»Da erwachte in dem französischen Ritter Hugo de Paganis bei einer Kreuzfahrt der Gedanke, Mönchtum und Rittertum zu verbinden. Das Mönchtum sollte die Grundlage des Lebens, die Kriegsfahrt eine ›Sendung Gottes, des Königs der Könige‹ sein; ein Sendungsbewußtsein von unerhörtem Ausmaße, von übergeschichtlicher Bedeutung und von apokalyptischem Ernst.«

Das war ein Sendungsbewußtsein, dem auch Friedrich Schiller einen besonderen Satz widmete: »Religion des Kreuzes, nur du verknüpftest in einem Kranze der Demut und Kraft doppelte Palme zugleich.«

Vision Preußen

Die Brüder des Deutschen Ordens zogen in das »Land der dunklen Wälder und kristallnen Seen«. Dort gründeten sie einen in seiner geschichtlichen Ernsthaftigkeit und politischen Glaubwürdigkeit bis heute beispiellos gebliebenen Staat, der zunächst vom ostpommerschen Lauenburg und Bütow, vom Land an der Weichsel und Nogat über Mittelostpreußen bis zur Bayerburg östlich von Ragnit an der Memel reichte. Die Ritter zogen nach dem Lied des Tiroler Minnesängers Oswald von Wolkenstein nach dem Osten.
»Durch Preußen, Reußen, Eiffenlant gen Litto, Liffen, übern Strant . . .«
(»Durch Preußen, Rußland, Eiffenland nach Litauen, Livland, über die Nehrung . . .«)

Doch der Zug der Ritter nach Preußen war – historisch gewertet – kein Eindringen und auch keine Eroberung. Die Ritter kamen ja nicht ungerufen. Sie kamen auf ausdrücklichen Wunsch des Herzogs Konrad von Masowien. Eine überlieferte Urkunde aus dem 13. Jahrhundert bezeugt das.

»Ich, Konrad, durch göttliche Gnade Herzog von Masowien und Kujawien, will, daß bekannt sei, daß ich wegen der Verteidigung des Glaubens den Brüdern vom Deutschen Hause das ganze Kulmerland mit allem Zubehör zu ewigem Besitz geschenkt habe, mit allem Nutzen und jeder nur möglichen Freiheit. Die Brüder selbst haben versprochen, daß sie, so viel mit Gottes Hilfe und ihrer Macht möglich ist, für Christus und gegen alle Heiden, so lange auch nur einer lebt, mit uns zusammen zu jeder Zeit kämpfen werden.«

In der berühmten »Goldenen Bulle von Rimini« bestätigte der Staufer Friedrich II. diese Aufgabe des Ordens und hieß sie mit der ganzen geistigen und auch geistlichen Glaubwürdigkeit seines Kaiserwortes gut.

Mission und Martyrium des Adalbert von Prag

Die Brüder des Deutschen Hauses waren freilich nicht die ersten Christen, die den Osten missionieren wollten. Lange vor ihnen zog schon Adalbert von Prag nach Preußen und erlitt dort im Samland den Märtyrertod. Nach ihm pilgerte eine Schar Getreuer mit Bruno von Querfurt in das Land. Sie alle wurden erschlagen. Den Zug des Deutschen Ordens nach Preußen begleitete dann ein kleines Wunder, nämlich eine erstaunliche Begegnung. Während Landmeister Hermann Balk mit kleinem Gefolge zur Weichsel strebte, schlug der Meister von Naumburg das Antlitz einer Augenzeugin der Geschichte in Stein: Das Antlitz der Regelindis, der Tochter des polnischen Königs Boleslav Chrobry, bei dem Adalbert von Prag vor seiner Missionsreise zu Gast gewesen war. Regelindis hatte Adalbert gesehen, bevor er nach Preußen und in den Tod gezogen war. Sie sah auch den blutjungen Kaiser Otto III., der demütig am Grabe Adalberts in Gnesen kniete und sie sah, wie dieser Kaiser ihrem Vater, dem König von Polen, eine bis heute in Krakau bewahrte Nachbildung der Heiligen Lanze überreichte. Das Original dieses wohl aus karolingischer Zeit stammenden Kleinods wurde übrigens – nach der Überlieferung – Otto dem Großen, dem »Vater des Vaterlandes«, in der Schlacht auf dem Lechfeld vorangetragen.

Der Zug des Deutschen Ordens nach Preußen wurde dagegen keineswegs durch symbolische Gesten sinnbildhaft umleuchtet. Ganz im Gegenteil, die ersten provisorischen Niederlassungen des Ordens zeigten eine geradezu spartanische, um nicht zu sagen vorausgeahnte preußische Schlichtheit. P. Marian Tumler schrieb darüber in seiner Ordenschronik:

»Landmeister Hermann Balk setzte über die Weichsel und schuf sich sofort am rechten Ufer ein befestigtes Lager. Es war primitiv genug: Auf einem Eichbaume wurden Brustwehren und Befestigungen errichtet, ringsum durch Verhaue eine Deckung geschaffen, so daß nur *ein* Zugang zum Lager blieb.« Beispiele dieser mehr als bescheidenen Quartiernahme gab es mehrfach. So lebten einige Brüder mit ihren Knappen völlig vereinsamt in der noch durch Konrad von Masowien erbauten und kärglich ausgestatteten Burg Vogelsang – ganz in der Nähe des Ortes, wo später als Gründung des Ordens die Stadt Thorn entstand. In ihrer völligen Abgeschiedenheit sollen die Brüder und Knappen – wie es in einer Chronik heißt – »ein Lied der Trauer und Schwermut« angestimmt haben.

Eigentlich jedoch waren Trauer und Schwermut auch nach Ansicht von P. Marian Tumler unberechtigt, denn ungeachtet aller Abgeschiedenheit waren die Ordensbrüder nicht verlassen.

»Das deutsche Mutterland erwachte noch einmal zu grandioser Kreuzzugsbegeisterung und führte dem Orden jahrzehntelang Männer aus allen Ständen und Gauen zu, vom Belt bis zur Adria und von der Oder bis zur Schelde. Deutsches Geld und deutsche Männer, vom Reichsfürsten bis zum einfachen Bauern, haben das Werk des Ordens in Preußen im wesentlichen ermöglicht und durchgeführt. Der Orden selbst konnte dafür ein Eliteheer bereitstellen, bestehend aus Männern des Waffenhandwerks von Jugend an, geschult in vielen Kämpfen im Orient und im Burzenland, durch die strenge Ordenszucht im Gegensatz zu den Ritterheeren an Zusammenwirken und Unterordnung gewohnt.«

Bekenntnis aus Deutschland

Die Hilfe des Mutterlandes war nicht allein beachtlich, sie war auch bewunderungswürdig, da sich das Mutterland selbst in einer verzweifelten politischen Situation befand. Die Sterbestunde des Stauferreiches war nahe. Machtkämpfe zeichneten sich ebenso ab wie manche innere Zerrissenheit. Dennoch bot das Mutterland jene unerläßliche Hilfe, die dreihundert Jahre später – im Jahre 1525 – ausblieb und den Untergang des Ordensstaates in Preußen geradezu provozierte. Im 13. Jahrhundert aber entsandte das Mutterland Ritter – vor allem aus der Ballei Franken. Es orderte aber auch Hilfe durch fürstliches Gebot. Die Mannen König Ottokars von Böhmen drangen in das Land am Pregel vor und erlebten, daß dort zu Ehren ihres Königs die spätere Hauptstadt Ostpreu-

Schloß Reifenstein bei Sterzing.

ßens gegründet wurde und den Namen Königsberg erhielt. Die Gefolgsleute des bayerischen Kurfürsten wieder kämpften an der Memel und gründeten – östlich von Ragnit – die Bayerburg. Das alles war sozusagen eine Union deutscher oder, wenn man will, sogar gesamteuropäischer Hilfeleistungen. Auch die Dichter der Zeit beteiligten sich – mittelbar – an dieser Unterstützung. Walther von der Vogelweide sandte mit seinem Gedicht »hêr keiser, ich bin frônebote« eine »göttliche Botschaft« an Friedrich II.

»Gott, mein Kaiser, mir gebot,
zu euch zu eilen als sein Bot':
Er hat das Himmelreich, ihr habt die
　　　　　　　　　　　　Erde.
Zu klagen euch bin ich gesandt.
Ihr seid mein Vogt, in Gottes Land
die Heidenschaft sich schändlich jetzt
　　　　　　　　　　　　gebärde.
Seid willig, ihm zu richten:
Sein Sohn, der heil'ge Jesus Christ
wollt's einst vergelten euch, soll ich euch
　　　　　　　　　　　　sagen:
Eilt, ihn euch zu verpflichten;
er schafft euch Recht, wo *er* Vogt ist,
und wollet selbst den Teufel ihr
　　　　　　　　　　　　verklagen.«

Das Dichterwort blieb nicht ungehört. Das Mutterland half, es wandte sich in gemeinsamer Anstrengung gegen die sich »schändlich gebärdende Heidenschaft« – trotz des Todes des Kaisers, trotz der kaiserlosen Zeit des Interregnums, trotz der Enthauptung des letzten Staufers Konradin im Jahre 1268 in Neapel. Die Zeichen waren gesetzt und das blieb bewahrt, was der Kaiser Friedrich II. und der Hochmeister Hermann von Salza ersonnen hatten – ein in die Zukunft weisendes Missionswerk in Preußen.

Der Weg nach Europa

Seine letzten Tage verbrachte Friedrich II. in mönchischer Abgeschiedenheit im apulischen Castel Fiorentino. Dort lebte er wie ein Mönch, gehüllt in das schlichte Gewand der Zisterzienser. Er wohnte in einem schmucklosen Gemach, dessen ganzes Inventar aus einem Tisch, einem Stuhl, einem Bett und einer Kerze bestand. In Castel Fiorentino verlosch auch das Leben des Kaisers. Wenige Tage nach seinem Tod wurde ihm im Assunta-Dom zu Palermo, im Angesicht des Grabhauses der Normannenkönige, die Gruft bereitet. Der Kaiser war tot, aber sein Werk lebte weiter. Joseph von Eichendorff empfand dieses Weiterleben eines Vermächtnisses durchaus nicht in poetischer Verklärung, sondern mit der klarsichtigen Nüchternheit eines preußischen Beamten nach:
»Nachdem die Ritterorden überhaupt durch die Veränderungen im Orient Zweck und Aufgabe, durch Reichtum und weitzerstreuten Besitz ihre ursprüngliche Bedeutung fast überall verloren hatten, waren es die deutschen Ritter allein, die ungeduldig so unwürdige Fesseln sprengend, sich unerwartet neue Bahnen hieben und mit Kreuz und Schwert mitten in den nordöstlichen Wildnissen ein neues Deutschland eroberten, ohne dessen christliche Vormauer der ganze Norden Europas eine andere, jetzt kaum mehr berechenbare Gestaltung angenommen hätte.«
Der Deutsche Orden war dabei keine nationale, geschweige denn eine nationalistische Einrichtung Deutschlands oder für Deutschland allein. Er war (und blieb bis heute) eine europäische Vision. Es gibt Beispiele und Beweise dafür. Dazu zählen die Balleien in Armenien, Zypern und Romanien, wobei unter dem Begriff Romanien nach damaliger Deutung nicht ein Teil Italiens, sondern der Peloponnes verstanden wurde. Es bestanden jedoch auch Niederlassungen in Italien, so auf Sizilien, in Apulien, im Land zwischen Rom und Padua und im Gebiet rund um die Etsch. Lange vor dem Zug des Ordens nach Preußen existierten Niederlassungen in Österreich vom Land an der Donau über Friesach bis zur Kommende in Laibach. Es gab gleichfalls – schon in der Zeit der Staufer – die Ballei Böhmen, die lange als stärkster Bereich des Ordens überhaupt galt, mit Besitztümern in Prag und Komotau, in Bilin und Königgrätz, in Troppau und Reichenbach, in Austerlitz und Krumau. Darüber hinaus bestanden Niederlassungen in Spanien und Frankreich, die Balleien Burgund und Lothringen und Ordenssitze im Elsaß und in den Niederlanden. Doch es gab auch zahllose Besitzungen im deutschen Sprachgebiet – in Bremen und Halle an der Saale, in Schleiz und Erfurt, in Koblenz und im Lande zwischen Weser und Lahn, in Plauen und im mecklenburgischen Wismar.
Vor allem jedoch gab es die ungemein reiche und von der Anzahl der Ritter-

schaft her wohl stärkste Ballei Franken, die geographisch weit über Nürnberg und Regensburg und das malerische Eschenbach – die Heimat des Minnesängers Wolfram von Eschenbach – hinausreichte. Gerade diese Verwaltungsprovinz Franken beteiligte sich mit Elan an der Missionierung Preußens. Über die Bedeutung und Sinnfälligkeit dieser Beteiligung und der Missionierung Preußens durch den Deutschen Orden überhaupt gibt es jedoch bis heute unterschiedliche Auffassungen. Der in Warschau lebende polnische Publizist und Historiker Marian Podkowinski äußerte sich – übrigens in deutscher Sprache – darüber:

»Das war kein Segen und kein Fluch, das war eine Tatsache! Konrad von Masowien, der Prinz aus dem Piasten-Geschlecht, hatte Teile seines Territoriums noch nicht besiedelt oder nur besiedelt durch Heiden, sogenannte ›Pruzzen‹, eine Bezeichnung, die nur dem Namen nach ›Preußen‹ ähnelt, aber nichts mit diesem zu tun hat. Nun wußte Herzog Konrad, daß er das unbebaute und mit nur wenigen Pruzzen besiedelte Land sehr effektiv mit Männern des Deutschen Ordens aus dem Westen urbar machen könnte. Sie waren nämlich arbeitslos. Die Kreuzzüge waren schon lange Geschichte und er glaubte, diese Männer würden sein Land besiedeln und wirtschaftlich fortentwickeln, wenn er ihnen nur die Erlaubnis gäbe, sich zu entfalten.«

Vorahnung einer Zielsetzung

Nun war der Deutsche Orden damals keineswegs nur eine von vielen religiösen Gemeinschaften. Er war eine erprobte, an Zucht und Ordnung gebundene, durch strenges Pflichtbewußtsein zusammengehaltene Kongregation, die schon bei den ersten Anfängen ihres Wirkens in Preußen eine Staatsidee in sich trug. So heißt es in der Ordensregel: »Drei Dinge sind die Grundfesten eines jeglichen geistlichen Lebens. Das erste ist ewige Keuschheit, das zweite ist Verzicht auf eigenen Willen, das ist Gehorsam bis an den Tod, das dritte ist das Gelübde der Armut, daß jeder ohne Eigentum lebe, der diesen Orden annimmt. In diesen drei Dingen: Keuschheit, Gehorsam und Leben ohne Eigentum liegt dieser Regeln Kraft so unerschütterlich, daß der Meister des Ordens keine Gewalt hat, jemanden von ihnen zu befreien; denn wenn man eins zerbräche, so wäre wohl die Regel gänzlich zerbrochen.«

War es Zufall, daß akkurat in der Zeit, in der Hermann von Salza seine Brüder nach Preußen sandte, Elisabeth von Thüringen – die später heiliggesprochene Elisabeth – unter Aufgabe aller Titel und Privilegien von der Wartburg nach Marburg an der Lahn zog, um dort in Armut und Demut ein Spital unter den Farben des Deutschen Ordens zu gründen? War es später Zufall, daß Jahrhunderte unter dem Schirm der hochgotischen Elisabethkirche die auf abenteuerlichem Wege von Potsdam hierher gebrachten Särge der Preußenkönige Friedrich Wilhelm I. und Friedrich des Großen Schutz und Zuflucht fanden?

Symbolik über die Zeit hinaus

Der letzte aus dem Hause Hohenzollern stammende Hochmeister Albrecht von Brandenburg nahm den evangelischen Glauben an. Friedrich Wilhelm I. wieder bot den um ihres Glaubens willen geflohenen Salzburgern Heimat und Schutz im historischen Deutschordensland Ostpreußen. Friedrich der Große schließlich gehörte zu den »Trägern der künftigen Macht«, denen jede Frömmelei fremd war. Doch es ist überliefert, daß an der Tafel des Königs in Sanssouci jede Art des Gesprächs und damit auch jede Variante des Spottes erlaubt, geduldet und sogar erwünscht war. Nur ein Thema war verboten, nämlich Spott über den Glauben und ironisierende Fragen nach der Existenz Gottes. Der König war nicht gläubig, aber er duldete auch keine Verhöhnung Gottes. Bekannt ist gleichfalls eine – weitgehend historisch verbürgte – Szene aus dem Siebenjährigen Krieg: Der König wollte das Signal zum Angriff geben. Da sah er, wie Hans Joachim von Ziethen, der »Ahnherr aller Husaren«, barhäuptig vor seinen Soldaten die Hände zum Gebet faltete. »Glaubt er«, entfuhr es Friedrich, »daß sein Herrgott uns helfen wird?« Ziethen nickte, gewann die Schlacht und erlebte, wie der spottfreudige, aber in Glaubensdingen ungewöhnlich ernst denkende König zu ihm heranritt,

Kulmer Handfeste (1251).

ihn umarmte und die Worte sprach: »Sein Alliierter hat ihm geholfen.« Das alles geschah Jahrhunderte nach dem Erlöschen des noch in der Zeit des Hochmeisters Hermann von Salza gegründeten Ordensstaates zwischen Weichsel und Memel. Die Zeichen wiesen damals, im 13. Jahrhundert und auch später, nach Europa. Die Spanne der geistigen Wirksamkeit war weit. Sie reichte von Spanien bis zum Weichseltief. Der Deutsche Orden beteiligte sich in den Tagen Hermann von Salzas an der Befreiung von Córdoba und er stiftete mit dem Kulmer Recht eine ab 1233 in die Zukunft weisende Handfeste.

In einer zeitgenössischen Urkunde steht zu lesen:
»Bruder Hermann, Meister des Hospitals St. Mariens zu Jerusalem und Bruder Hermann Balk, Meister desselben Hauses in Slowenien und Deutschland, und dem ganzen Konvent des Hauses Gruß aller Christgläubigen, die diesen Brief lesen. Je mehr und größere Gefahren die Bewohner des Kulmerlandes und besonders unserer Städte Kulm und Thorn für die Verteidigung der Christenheit und für unsere Förderung ausgehalten werden, um so eifriger und kräftiger wollen und müssen wir ihnen in allem helfen, was die Gerechtigkeit zuläßt.«

Auch Leopold von Ranke bezeugte in seiner »Weltgeschichte« das auf Europa gerichtete Wirken des Ordens: »Von höchster Bedeutung für die abendländische Christenheit war es, daß im Rücken und an der Seite Polens der Staat des Deutschen Ordens zu imposanter Kraft emporkam. Die unmittelbare Mission des Ordens, von deren Erfüllung er durch keinerlei Verflechtung in die inneren Bewegungen des Reiches und des Abendlandes im allgemeinen abgehalten ward, die Bekämpfung und Unterwerfung in den preußischen und litauischen Gebieten, stand mit dem Mongolensturm in der engsten Beziehung. Nicht als wäre die preußische Eroberung des Ordens von vornherein durch den Mongolensturm veranlaßt worden: Die Ritter hatten die Landschaften am rechten Weichselufer bis ans Meer hinab eingenommen, noch ehe von Mongolen im Abendland die Rede war.«

Beständigkeit als Ziel

Der Orden beteiligte sich nicht an der Schlacht bei Liegnitz, in der der Sohn der heiligen Hedwig von Andechs sein Leben gab. Aber erstaunlich bleibt, daß die Mongolen bei ihrem Sturm auf das Abendland bewußt das Gebiet des Ordens mieden. Den Rittern ging der Ruf einer unbeirrbaren Tapferkeit voraus. So überliefert ein Chronist des Ordens, Peter von Dusberg, die von einem gefangengenommenen Masowier an die kriegslüsternen Pruzzen gerichteten Worte:

»Es sind Kriegsleute, die sich Gott geweiht, tapfere Ritter aus Deutschland, vom Oberhaupte der Christen, dem Papst, ausgesendet, euch zu bekriegen, bis ihr eure unbeugsamen Nacken der Römischen Kirche untergebt.«

Diese »tapferen Ritter« aber waren, wie der keineswegs nur ordensfreundlich gesonnene Publizist Marian Podkowinski es ausdrückt, bei aller Kritik, der sie sich aussetzten, auch »Kulturbringer«.

»Selbstverständlich hat der Deutsche Orden zivilisatorisch viel geleistet in dieser polnischen Wüste. Selbstverständlich hat dies als allgemeines Gut überdauert. Die Mitglieder des Deutschen Ordens waren nicht nur Ritter, das heißt Raubritter; das waren auch Techniker gewissermaßen. Sie haben die Wüste bearbeitet und so ist etwas für Europa geblieben. Ob dies für Polen richtig und gut war, ist eine andere Sache.«

Ein Vers aus der Blütezeit des Ordens in der Ära Winrichs von Kniprode verrät:

»Die Deutschen Ritter waren Herr und Knecht,
Diener vor Gott, doch aufrecht im Gefecht.«

Die Lebensart dieser »Diener vor Gott« erklärte P. Marian Tumler mit den Worten: »Im rauhen Mönchsgewand Stunden des Tages und der Nacht im Gebet verharrend, beim Schmettern der Trompeten erzgepanzerte Hünen, ›Löwen der Schlacht‹, nach ihrem eigenen Gesetz bei ihrer geheiligten Fahne siegend oder sterbend. Männer, von Buchwissen nicht gedrückt, vielleicht nur in geringer Zahl des Lesens kundig, dann plötzlich als nüchterne Denker und Planer mustergültige Staatsgebilde schaffend, Bank- und Buchführung beherrschend, aus Sumpf und Urwald Kulturboden und vorbildlich eingerichtete Siedlungen schaffend.«

Sie gründeten einen Staat, der Jahrhunderte hindurch Bestand hatte. Seltsame Symbolik aber verbirgt sich hinter der Tatsache, daß der Verlust von Akkon im Heiligen Land und der Verlust der Marienburg an der Nogat eine bemerkenswerte Ähnlichkeit besitzen. Konrad von Feuchtwangen lehnte die Opferung seiner Brüder bei der letzten Verteidigung von Akkon im Jahre 1290 ab.

»Er schlug sich mit den Brüdern mitten durch den Feind zum Hafen durch und segelte nach Venedig ab. Hinter ihnen fiel Akkon und damit das letzte Bollwerk der Christenheit im Orient.« (Tumler, Ordenschronik)

Die Aufgabe der Marienburg in der Mitte des 15. Jahrhunderts empfand Reinhold Schneider mit den Worten nach:

»Die Zeit ist um und das Heilige verliert seinen Glanz. Hochmeister und Brüder werden in der Marienburg von ihren eigenen wilden Söldnerführern überfallen und mißhandelt, wenn sie zur Kirche gehen. In den Chorkappen, Chorröcken und Alben, mit Fahnen und Kreuzen lärmen die entfesselten Söldner durchs Schloß und die Kapelle, unter deren Steinen die Großen eines vergangenen Jahrhunderts schlafen; die letzten Brüder suchen sich durch den Sprung durch das Fenster zu retten. Der letzte Hochmeister besteigt bei Nacht weinend seinen Kahn. Dann, auf das Geheiß des Böhmen Ulrich Czirwenka, springt die Pforte auf, und mit gespannter Armbrust stürmen die Polen in den Hof. So verdämmert die Burg, ein riesiger Schatten, der fremder und fremder wird für die Jagenden auf den Wirbeln der vorübertosenden Zeit.«

Nur wenige Jahrzehnte darauf wandelte der letzte Hochmeister in Preußen, Albrecht von Brandenburg, den Ordensstaat in ein weltliches Herzogtum um. Es ist die Zeit, in der Martin Luthers Lied »Aus tiefer Not schrei ich zu dir« nach dem Psalm 130 in den evangelisch gewordenen Teilen Deutschlands aufklingt. »Aus der Tiefe rufe ich, Herr, zu dir. Herr höre die Stimme meines Flehens.«

Von Königsberg bis Narwa

Der Weg ins Baltikum

Der Zug des Deutschen Ordens ins Baltikum begann in der hohen Zeit der Minnesänger. Es gibt darüber einen zeitgenössischen Bericht, den Hartmann von Heldrungen in der liebenswert-nachdenklichen Sprachmelodie des 13. Jahrhunderts niederschrieb.
»Im Namen unseres Herrn Jesu Christi. Ich, Bruder Hartmann, Meister des Spitals sancte Marien des Deutschen Hauses zu Jerusalem, ich tu zu wissen allen Gottesfreunden, die diese Schrift hören oder lesen, wie uns dy lant zu Leifflandt seint ankommen, und wie die Brüder, die darinne worden, unsern habitum und orden empfinden . . .«
Der Zug des Deutschen Ordens ins Baltikum – und damit auch nach »Leifflandt«, womit Livland gemeint ist – begann in der Geburtsstunde Berlins im Jahre 1237, in der Zeit also, in der der letzte große Staufer die Lombarden besiegte. Während der Orden in das Land an der Düna und der Narwa zog, entstand der Bamberger Reiter, der Verwandte des Magdeburger Reiters. Damals hielt Hermann von Salza noch das Heft des Deutschen Ordens in den Händen. Über dreihundert Jahre wehte das Banner der Ordensritter im Lande zwischen Riga und Reval, bis es kurz nach dem Tod Karls V. in den Staub sank.

Ziel und Aufgabe im Baltikum

Der Niedergang des Deutschen Ordens in Preußen und im Baltikum löste jedoch auch bedenkliche Folgen aus. P. Marian Tumler erklärte dazu in seiner Ordenschronik:
»Ulrich von Jungingen wies die Polen wiederholt auf die großen Aufgaben im osteuropäischen Raum hin und suchte sie zum Zusammengehen mit dem Orden zu gewinnen. Es ist tragisch, daß Polen seine ›natürlichen‹ Bundesgenossen gegen Moskau – nämlich den Deutschen Orden und sodann Schweden – niederrang und dann dem furchtbaren Feind allein gegenüberstand.«
Dadurch wurde auch die abendländische Vision der Staufer – die auch nach dem Verlöschen des Geschlechts gedanklich weiterlebte – verspielt.
Optisch freilich blieb die Abgrenzung des Abendlandes im äußersten Nordosten des Baltikums bis heute sichtbar.
Die Baltendeutsche Liesbeth von Hueck prägte dazu die Worte: »Dort, wo der Fluß unterhalb des Wasserfalles schiffbar wird, zwölf Kilometer von der Mündung entfernt, liegt auf dem linken hohen Ufer die Stadt Narwa. Ihr ernsten Züge tragen das Gepräge einer Vergangenheit, deren Inhalt Kampf war, denn Narwa war ein Bollwerk des Deutschen Ordens gegen die Völkerflut des Ostens und zugleich Torwächter Estlands an der Grenze zweier Welten.«
Die politische Bedeutung dieses Bollwerks erklärte P. Marian Tumler mit dem Hinweis:
»Um den Russen den Zugang nach Estland zu sperren, wagte der Orden den Bau der Burg Narwa an der Narowa, dem Abfluß des mächtigen Peipussees, hinter dem sich das Land der Russen ausdehnte. Der Steilabfall zum Fluß gewährte nach einer Seite völlige Sicherheit, auf den anderen Seiten wurden mächtige Mauern und Türme vorge-

Narwa und Iwangorod im 15. Jahrhundert. Stich aus dem Jahre 1646.

Albrecht von Brandenburg (1511–1525 Hochmeister des Deutschen Ordens, 1525–1568 Herzog von Preußen).

schoben. Wie ein Mauerklotz schaut dieser abendländische Vorposten hinüber ins feindliche Land.«

Was davon blieb, sind melancholische Erinnerungen, die Siegfried von Vegesack in Versen nachklingen ließ:
»Vergrast sind die Wagenspuren,
verwachsen am Graben der Pfad.
Von allen, die gingen und fuhren,
niemand den Weg mehr betrat.
Nur welkes Laub ist geblieben,
ein krächzender Krähenschrei.
Vergilbte Blätter stieben
vorbei im Winde, – vorbei.«

Doch es blieb – vor der Geschichte und in der Erinnerung – vielleicht auch noch etwas anderes: Die schmerzhafte Besinnung auf eine verlorene Idee. Wohl nicht zufällig schrieb Joseph von Eichendorff in seinem Werk über die Marienburg:
»Der junge Staat konnte nicht umhin, deutsch wie er war, die Wurzeln deutscher Bildung und Gesittung weit über seine Grenzen hinaus zu verbreiten und Livland, Estland und selbst einen Teil Polens Deutschland geistig zu verbinden.«

Der Weg dorthin aber war weit und schwierig und dornenreich. Hartmann von Heldrungen versuchte in seiner Chronik das ganze Ausmaß dieser Schwierigkeiten allerdings wortreich abzuschwächen: »Bei den Zeiten hatten wir einen Meister, der hieß Hermann von Salza, der war lange Meister gewest, bei dem uns alles gut geschah und vor allem unser grosten Ding, wie uns Leifflandt und Preußen wart. Vor der Zeit und nach der Zeit viel edle Leute, die lange in der Welt woren gewest und klug und vorstendigk woren, die wurden bruder.« Leifflandt, also Livland, war damals ein umfassender Begriff. Zu Livland gehörte – nach damaligen Vorstellungen – nicht nur Livland allein, sondern auch Kurland und Estland. P. Marian Tumler erläuterte den politisch »umfassenderen« Begriff Livland mit dem Hinweis:
»Dieses Gebiet kam mit fast 100 000 Quadratkilometern der Fläche von Bayern und Württemberg gleich. Livland, Kurland und Süd-Estland wurden im 13. Jahrhundert durch die Deutschen erobert, Nordestland den Dänen im Jahre 1346 abgekauft. Den Besitz des Landes teilten sich die fünf Bistümer Riga, Kurland und Dorpat, Ösel und Reval sowie der Orden der Schwertbrüder und sein Nachfolger, der Deutsche Orden. Im eigentlichen Livland besaß dieser ein Drittel des Landes, in Kurland zwei Drittel, in Südestland die Hälfte. In Nordestland war der Deutsche Orden alleiniger Landesherr, weil der Bischof von Reval nur Tafelgüter besaß.«

Landnahme unter Schwierigkeiten

Die Einvernahme des Baltikums war mit Kämpfen und Enttäuschungen verbunden. Im Frühjahr 1242 – ein Jahr nach der Mongolenschlacht bei Liegnitz – drang Alexander Newskij gegen Dorpat vor, wich aber vor den livländischen Ordensrittern wieder zurück. In der Ordenschronik von P. Marian Tumler steht darüber zu lesen:
»Die verfolgten nun über den zugefrorenen Peipussee die Angreifer am steilen Ostufer. Die schweren Streithengste der Ritter kamen jedoch am Ufer nicht vorwärts, und das Fußvolk wurde von den Russen eingekeilt. Es wandte sich sofort zur Flucht und riß auch die Ritter mit. 600 Deutsche, darunter 26 Ordensbrüder, waren tot oder gefangen. Der Traum eines baltischen Großreichs nach Osten hin war damit ausgeträumt und wurde nie mehr wiederholt.«

Das hatte allerdings auch andere Gründe. Der Ordensstaat war wohl von seinem Umfang her ein Riese unter den Zwergen der deutschen Fürstentümer. »Aber er krankte«, wie P. Marian Tumler es ausdrückte, »an drei schweren Übeln«:
»An seiner unverhältnismäßigen Länge, etwa von Wien bis Paris, bei einer Breite von Wien bis Graz; und er krankte an dem Umstand, daß Weichsel, Memel und Düna breite, verlockende Einfallspforten für Polen, Litauer und Russen zum Vorstoß bis zum nahen Meere schufen. Besonders aber krankte der Staat daran, daß er zwei Zentren besaß, eines an der Düna und eines an der Weichsel.«

Schon die Vereinigung mit den Schwertbrüdern erwies sich als problematisches Unterfangen. Schlimmer noch – oder gefährlicher für die Zukunft des Ordensstaates – war die blutige Niederlage auf dem zugefrorenen Peipussee.
Für Rußland brachte die Schlacht und schließlich der Sieg auf dem Peipussee die Entscheidung über eine Vormachtstellung. Der Orden erwies sich aus der Sicht der Russen als beständige Bedrohung für das Zarenreich. Das Gefecht

auf dem Peipussee setzte dieser Gefahr auf blutige Weise ein Ende.
»Um 1260 waren die Küstengestade der Ostsee von der Weichsel bis zum Peipussee dem Deutschen Orden untertan und der abendländischen Kultur eröffnet. Litauen schien sich dem neuen Staat friedlich einzugliedern. Damit hätte er den Bug und die Rokitnosümpfe erreicht. Die Eroberung des preußischen Hinterlandes war daher nach den bisherigen Erfahrungen nur eine Frage der Zeit. Nur Samogitien, der Keil zwischen Livland und Preußen, hatte allen Angriffen der Ordensmacht mit Erfolg widerstanden. Aber seine Zernierung durch mächtige Burgen war bereits eingeleitet. Da beschlossen die Meister von Livland und Preußen im Jahre 1260 einen entscheidenden Schlag gegen die Samaiten. Der livländische Meister erließ ein allgemeines Aufgebot dafür. Er vereinigte unter seinen Fahnen außer den livländischen Völkern auch die Dänen von Nordestland und eine kleine Schar unter Herzog Karl von Schweden. Der preußische Landmeister wieder sandte Abteilungen von Samländern, Pomesaniern und Ermländern mit einem Ordensaufgebot aus Preußen, bei dem sich auch dreißig aus Deutschland eingetroffene junge Brüder befanden.« Doch das alles nützte wenig. Die Katastrophe war unaufhaltbar.
»Als es zum Kampfe kam, weigerten sich die Kuren mitzukämpfen, wenn sie nicht gar offen gegen ihre bisherigen Waffengenossen auftraten. Darauf wandten sich die Einheimischen aus Livland und Estland zur Flucht, und ein Teil der Preußen folgte ihrem Beispiel. Damit war der Tag entschieden.«
P. Marian Tumler bezeichnete in seiner Ordenschronik die Schlacht als »schwarzen Tag« und verglich die Auswirkungen des blutigen Treffens mit anderen Niederlagen:
»Auf dem Peipussee wurde der deutsche Vormarsch nach dem Osten für immer zum Stehen gebracht, der Plan eines Großreiches brach zusammen, das die lettisch-finnischen Völker am baltischen Meere vereinigt hätte, bei Tannenberg sank die Großmachtstellung des Ordens in den Staub. Die Schlacht auf dem Peipussee stellte alle bisherigen Errungenschaften des Ordens in Frage und verwickelte ihn in einen fast dreißigjährigen Existenzkampf. Der Orden war aber im Jahre 1260 in jugendkräftigem Aufblühen und konnte deshalb den furchtbaren Schlag überwinden. Im Jahre 1410 war das nicht mehr der Fall.«

Beharrung trotz vieler Nöte

Was aber blieb – nicht allein als latente Gefahr, sondern als akute Bedrohung – das war die Teilung des Landes, des Staates, nach der Schlacht. Es gab nämlich keine Landbrücke zwischen Preußen und dem Baltikum. Daß diese staatsbedrohende Gefahr – zunächst – keine schwerwiegenden Folgen zeigte, läßt sich nur durch die Willenskraft oder mehr noch durch den tiefen Glauben und das gläubige Pflichtbewußtsein der Ordensbrüder erklären. Reinhold Schneider schrieb über diese fast ein wenig rätselhafte Kraft der Brüder:

»Die Brüder wußten von der einzigen Gleichheit, die möglich ist auf Erden: Von der Gleichheit vor dem Unendlichen. Da sie alle unverbrüchlich an das Jenseits glaubten, das sie erwartete; an die Macht, die ihnen befahl, so waren sie einander gleich. Das Gefühl ihrer Gleichheit mußte erlöschen, sobald der Glaube die richtende Kraft in ihrem Leben verlor: Dies war das erste, das innere Schicksal der Brüder, mit dem sich das äußere der politischen Gegnerschaft und Übermacht verbündete. Unter solchen Schatten war ein Leben möglich im Nordosten, das im Einklang stand mit der kriegerischen Forderung der Erde und doch seine Rechtfertigung nicht mehr von der Erde empfangen wollte. Im Gürtel der Palisaden und der sie stützenden Türme, der Mauern, Brücken und Tore starrte die Burg von Waffen; im Innern aber galt, wenn auch nicht immer als Wirklichkeit, so doch als unbestrittene Forderung, das Gebot der Liebe: ›Ohne die Minne sind weder Orden noch Werke heilig, sondern sie sind nur scheinheilig.‹ «
Was den Orden – damals in Preußen und im Baltikum – und bis heute in vielen Teilen Europas zusammenhält, ist die Regel, sind das Gebot und die tief empfundene Gläubigkeit.
»Dein religiöser Gehorsam ist nicht Passivität und Scheu vor persönlicher Verantwortung, auch nicht Verzicht auf die persönliche Initiative, sondern ist die Selbstlosigkeit, mit der du dich zur Verfügung stellst und dem gemeinsamen Ziel unterordnest.«

Im Auftrag des Hochmeisters Albrecht von Brandenburg geschaffenes Triptychon (sogenannte Ablaßtafel). Vor 1513.
Auf der Innenseite sind die Ordensablässe für die österreichische Ballei verzeichnet; die Außenseite zeigt links Mariä Verkündigung und einen roten Adler mit dem Wappenschild der Deutschordensbrüder, rechts Anna Selbdritt und das Hochmeisterkreuz (Seite 53).

Während die Mongolen bis ins Herz Europas vordrangen, bauten die Deutschordensritter ihre Burgen vom Weichseltief entlang der Ostseeküste bis zum Finnischen Meerbusen. Eine Gefahr blieb, der Keil der Polnisch-Litauischen Union, der diesen mönchisch geführten Staat zerteilte und schließlich aufrieb. Daneben aber zeigte sich noch eine andere in ihrer Auswirkung weitreichende Bedrohung: die Isolierung vom deutschen Mutterland. Hansjoachim Koch stellte dazu in seiner »Geschichte Preußens« fest:

»Die Bedrohung durch Skandinavien im Norden und durch Polen-Litauen im Osten und Süden machte es dem Orden schwer, weiterhin seinem Prinzip ›divide et impera‹ zu folgen. Sogar der Klerus in Livland und der Landadel in Preußen bat die Polen um Unterstützung, sogar bei der Ordensnachhut in Pommern setzte diese fast fratale selbstzerstörerische Entwicklung ein. Der Deutschritterorden drohte von seinem Hinterland abgeschnitten zu werden und damit von den Verbindungen zum Reich.«

Hinzu kam – nach dem Empfinden des Historikers Hansjoachim Koch – die düstere, aber nicht zu leugnende Wahrheit: »Das Reich beschäftigte sich nicht mehr sonderlich mit den Problemen, denen sich der Orden gegenübersah. Preußen war weit entfernt [. . .].«

Die Schlacht bei Tannenberg wirkte sich als Zäsur zunächst nur in Preußen aus. Zwischen Weichsel und Pregel zeichnete sich mehr und mehr der beginnende Niedergang ab. Im Baltikum schien die Welt dagegen für den Deutschen Orden noch heil zu sein. Einige Jahrzehnte später freilich gab es auch im Lande zwischen Düna und Narwa durchaus Probleme. Genau gegenüber der Ordensburg Narwa erbauten die Russen im Jahre 1492 sozusagen als machtpolitischen Kontrapunkt zum Komtursitz Narwa – als Signal einer beständigen Bedrohung – die Burg Iwangorod.

Hilfe im Glauben

Es war die Zeit der Abschiede, des Umdenkens, der Wandlungen im alten Europa. Es war die Zeit, der Otto von Taube die melancholischen Verse widmete:

»Du singest durch all meine Klänge
vom Morgen bis zur Abendruh,
und alle meine stillen Gänge,
sie führen deinem Bilde zu.
Mag Feld und Wald mich frisch umsäumen,
mag ich am Berge stehn, am Wehr,
in all meinen Träumen rauscht das Schäumen
allein vom ungestillten Meer.
In all mein Sinnen stehn die Zinnen
allein der Stadt an großer Bucht,
und die Gedanken, wie sie rinnen,
sie haben *sie* nur aufgesucht.«
(Taube, Gedichte)

Die Gedanken suchten die Stadt am Finnischen Meerbusen, die unzähligen Deutschen Heimat war – suchten Reval, dessen malerisch-verwinkelte Gassen an manches romantische Bild in Südwestdeutschland erinnern. Am Schwarzhäupterhaus in Reval ist noch immer das Reliefbild eines deutschen Bürgers im ritterlichen Gewand zu sehen. Es zeigt die Umschrift: »Gott ist mein Hilf.«

Gott war den Menschen im Baltikum tatsächlich »zu Hilf«. Die Zeit war noch nicht, wie ein grimmiges Sprichwort besagt, »dem Teufel vermietet«. Gott half den Deutschen im Lande zwischen Riga und Reval, zwischen Mitau und Dorpat. Er half auch den Deutschordensrittern, die damals in diesem Winkel Europas fast auf verlorenem Posten das Zeichen ihres Glaubens hochhielten. Bald jedoch fand die Reformation auch im Baltikum Anhänger. Städte und Dörfer bekannten sich mehr und mehr zur Lehre Luthers. Von Süden und Südosten her bedrängten Polen und Litauer, von Osten her die Russen den abbröckelnden Ordensstaat; wortwörtlich abbröckelnd, denn bereits im Jahre 1525 – während im deutschen Mutterland der Bauernkrieg tobte – hatte Hochmeister Albrecht von Brandenburg das Ordenskreuz mit dem weltlichen Zepter eines Herzogs von Preußen vertauscht. Jahre darauf erwuchs der dahinschwindenden Ordensmacht an der Ostsee in der Gestalt des Landmeisters von Livland, Wolter von Plettenberg, ein rettender Herold des Glaubens. Wolter von Plettenberg hatte allerdings auch rechtzeitig die Zeichen gesetzt. Er setzte auf Kampf, auf Konfrontation – und er siegte. Der Historiker Niels von Holst schreibt in seinem Werk über die Bauten des Deutschen Ordens:

»Plettenberg wandte sich um Hilfe an Lübeck, da – wie er schrieb – ›durch

Beistand Eurer ehrsamen Vorfahren‹ Livland vom Orden ›mit großer Mühe begründet und erhalten worden ist‹. Schließlich standen jedoch nur einheimische Streitkräfte zur Verfügung, als im Spätsommer des Jahres 1502 die Heere aufeinanderstießen. Am Smolinasee, südlich von Pleskau, sammelten sich ungefähr 18 000 Russen, Mongolen und auch Deutsche, von Moskau in Sold genommene Landsknechte. Plettenberg verfügte über 2 500 Reiter, vor allem Ritterbrüder des Ordens und Vasallen, sodann über bischöfliche und städtische Kontingente, außerdem über estnische und lettische Hilfstruppen. Die Deutschen siegten. Ein gleich nach dem Kampftag geschriebener Brief eines Ordenskomturs schildert den Hergang; zunächst brachten die Mongolen einen vom Erzbischof von Riga geführten Heeresteil in Gefahr; das Eingreifen der Ordenstruppen stellte die Lage jedoch wieder her. Die eigentliche Entscheidung erzielten die deutschen Ritter, welche ›dreimal hin und zurück durch die Feinde brachen‹, bis diese sich zur Flucht wandten. Eine Verfolgung konnte nicht stattfinden, da ›Reuter und Pferde‹ zu erschöpft waren. Es war die letzte große Ritterschlacht des Mittelalters. Der Sieg vom Smolinasee brachte einen mehrmals verlängerten Frieden; er wurde zuletzt anno 1531 auf zwanzig Jahre abgeschlossen.«

Überlebenskraft im Baltikum

Zu diesem Zeitpunkt hatte der Ordensstaat in Preußen längst aufgehört zu existieren. Dennoch war, wie es in der Ordenschronik zu lesen steht, »der Schrecken über diesen Sieg in Moskau groß«.
»[Er war so] groß, daß Livland über fünfzig Jahre Ruhe hatte. Livland wurde wohl zur selben Zeit wie Preußen in die Glaubensspaltung hineingerissen. Auch die Brüderschaft des Ordens wurde davon ergriffen. Der Zwiespalt in den wichtigsten Fragen des religiösen Lebens mußte zum raschen Ende der Ordensgemeinde führen. Sie hielt aber noch über dreißig Jahre stand, ein Beweis, daß noch viel Liebe zum Orden und Idealismus vorhanden waren, denn katholische und evangelische Brüder mußten ja miteinander auf den Ordensburgen leben.«
Schon 1525 – in dem Jahr also, in dem das Haupt Thomas Müntzers fiel – richtete Martin Luther an die »Christen in Livland« eine Botschaft.
»Wir wollen Gott, dem Vater aller Barmherzigkeit, danken höchlich und allezeit, umb Euch, lieben Herren und Freunde, der Euch nach dem überschwänglichen Reichtumb seiner Gnaden hat bracht zu dem Schatz seines Wortes, darinnen Ihr habt Erkenntnis seines Lieben Sohnes.«
Doch trotz mancher Anfechtung kam das Ende des Ordensstaates im Baltikum erst gut drei Jahrzehnte später. Polen-Litauen, Schweden und Rußland führten den Todesstoß. Es gab – zu diesem Zeitpunkt – schon eine evangelische Kirchendienstordnung und auch eine evangelische Verwaltung, deren Haupt der frühere Ordensmeister Gotthart Kettler war. Kettler, der mit Philipp Melanchton bekannt war, wurde – ähnlich wie Albrecht von Brandenburg in Preußen – mit polnischer Duldung Herzog. Doch er besaß offenbar nicht die glückliche Hand wie der Hohenzoller, der die Reste seines Ordensstaates als weltliches Herzogtum bewußt, liberal und ohne politische Bevormundung von welcher Seite auch immer über seinen Tod hinaus bewahrte. Gotthard Kettler tat sein Äußerstes. Doch sein Werk hatte keinen Bestand. Was blieb, war die Erinnerung, anklingend in der Zeit, als sich der Deutsche Orden im Baltikum mit den Schwertbrüdern verband, und ausklingend in der Ära, als das Banner des Ordens auf den Burgen entlang der Ostseeküste eingezogen wurde. Geschichte ist, was Hartmann von Heldrungen einst niederschrieb:
»Sint Gott und gebenedeite Mutter die gnode haben getan, das uns solch große Ding bei seinen gezeiten geschähen von den Landen zu Bursa, das uns der konig gab, vom Lande zu Preußen und von Leifflande und was Gott furbas vorhengen will am Orden das stehet an seinen gotlichen gnaden zu vollenden.«

Schloß Heilsberg, im 14. Jahrhundert erbaut.

Hochmeisterwappen auf einem Heroldsrock.

Vom Kreuz zur Herzogskrone

Glanz und Ende in Preußen

Als die Brüder des Deutschen Ordens nach Preußen zogen, erklangen die Lieder des Dresdner Kreuzchores schon einige Jahre – Lieder und Melodien, die zum Lobe Gottes angestimmt wurden. Es war die Zeit, in der im Bamberger Dom die Standbilder Kaiser Heinrichs II. – des Heiligen – und seiner Frau Kunigunde entstanden; es war die Zeit, in der am Straßburger Münster die Engelspfeiler emporwuchsen.

Die Brüder des Deutschen Ordens waren damals dabei, etwas in ihrer Zeit »noch nie da Gewesenes« in Europa zu gründen: einen mönchischen Staat, der mit Klugheit und Härte zugleich geführt, über die Spanne von beinahe drei Jahrhunderten hinweg – wenn auch häufig vergeblich – um Frieden und Ruhe bemüht war. Vergeblich war das Bestreben vor allem deshalb, weil dieser mönchische Staat wieder und wieder in kriegerische Verwicklungen hineingezogen wurde. Wohl nicht zufällig stehen daher auch in der Ordenschronik von P. Marian Tumler die nachdenklich stimmenden Sätze:

»In Preußen tritt der ritterliche Charakter des Ordens von Anfang an sehr stark in den Vordergrund, im Gegensatz zu den altdeutschen Gebieten, wo Krankenpflege und Seelsorge den ersten Platz behaupteten. Das brachte die Aufgabe des Ordens im Nordosten mit sich: Hier galt es, in jahrelangen schweren Kämpfen Land zu gewinnen und dauernd zu behaupten. Für Seelsorge und Krankendienst war in den Kampfzeiten nicht Platz. Dementsprechend finden sich in Preußen, wenigstens in der ersten Zeit, als Ordenshäuser nur stark befestigte Burgen.«

Dementsprechend besaß bei den »Brüdern des Deutschen Hauses St. Mariens in Jerusalem« der Schwertsegen eine besondere Bedeutung. Er lautete wörtlich:

»Segne Herr, heiliger Vater, durch Anrufung deines Namens und durch die Ankunft deines Sohnes, unseres Herrn Jesus Christus, und durch die Gabe des Heiligen Geistes dieses Schwert, mit dem dieser, dein Diener, umgürtet zu werden wünscht, auf daß er mit ihm geschützt durch keinen Kriegssturm in Verwirrung gerate, sondern in allem glücklich siege und durch deinen Schutz unverletzt bleibe.« (Tumler, Ordenschronik)

Die besondere Bedeutung dieses Segens und die Bedeutung der Aufgabe der Brüder in Preußen überhaupt wird in der Ordenschronik mit folgendem Hinweis erklärt:

»Die alte Deutschordensregel und die späteren Ordensgesetze schufen eine Norm, die das sittliche Leben der Brüder tief fundierte und bis ins einzelne nach den Grundsätzen regelte: Das ganze Bemühen des geistlichen Lebens sei darauf gerichtet, daß der Orden bestehe, die Sünde bestraft und von jedem Gott das Gelöbnis geleistet werde, das er nach eigenem Willen gelobte.«

1309 – genau in dem Jahr, in dem mit dem Bau der prunkenden Fassade des Dogenpalastes in Venedig begonnen wurde, verlegte der aus Franken stammende Hochmeister Siegfried von Feuchtwangen seine Residenz von der Lagunenstadt an der Adria in die Marienburg ans Ufer der Nogat. Die Verlegung der Residenz aus dem politisch unsicheren und ordensfeindlich eingestimmten Venedig war schon lange geplant. Doch der Hochmeister war sich nicht sicher gewesen, ob er Marienburg, Kulm oder Elbing zum Sitz erheben sollte. Kulm und Elbing waren älter und in mancher Hinsicht auch erprobter als Marienburg. Die Entscheidung für Marienburg erwies sich jedoch, wie P. Marian Tumler argumentierte, als klug und vor allem als politisch wirkungsvoll für den Bestand und die Entwicklung des Ordens in Preußen. »Das mächtige Viereck des Schlosses beherrscht die weite Nogatniederung. Die Unterbringung der obersten Gebietiger zwang zu weitgehenden Um- und Neubauten. Dadurch wurde die Marienburg zur ausgedehntesten Burganlage des Abendlandes. Der Komturei Marienburg gehörte ein großer Teil des Weichselwerders, das durch großartige Dämme zu einem der wichtigsten Faktoren der Ordensfinanzen in Preußen wurde.«

Sorge und Vorsorge

Als weiterer günstiger Faktor kam hinzu, daß Marienburg als Residenz sozusagen in der Mitte der Kornkammer Preußens lag. Das erleichterte die Versorgung und auch den Handel, bot aber zugleich die Möglichkeit, in Zeiten der Gefahr rasch einen Überblick zu gewinnen. Eine solche Zeit der Gefahr brach um 1350 über das Ordensland herein. Die Pest entvölkerte ganze Dörfer. In den Städten, in Danzig und Thorn, in Elbing und Königsberg starben Tausende an dieser Seuche. Die Not war so groß, daß der gewandte und allezeit entscheidungsfreudige Hochmeister Heinrich Dusemer das Heft aus der Hand legte und als Nachfolger in seinem Amte den jüngeren Winrich von Kniprode empfahl. Der Rheinländer Kniprode war ein erprobter Mann, Komtur in Danzig und Balga, Vogt in Natangen, Ordensmarschall und schließlich Großkomtur. Er gilt – dem Eindruck von P. Marian Tumler zufolge – nach Hermann von Salza als bedeutendste Erscheinung unter den Hochmeistern.

»Er hat mit diesem verwandte Charakterzüge: Den makellosen Wandel mitten im Getriebe der großen Politik, die Milde und Bescheidenheit bei hohem Amtsbewußtsein; die kluge Vorsicht verbunden mit entschiedenem Handeln, wo es nottat. Ob er an schöpferischer Kraft und Größe Hermann von Salza nahekam, konnte Winrich bei den gegebenen Verhältnissen wenig unter Beweis stellen, denn es galt, nicht mehr aufzubauen, sondern das Geschaffene klug auszubauen.«

Es galt aber auch, innere Not und fatalen Aberglauben zu überwinden:
»Ein Komet, der in jenen Jahrhunderten die Menschen stets in große Schrecken versetzte, erschien am nördlichen Himmel. Es erhob sich ein furchtbarer Sturm, der im Danziger Hafen sechzig Schiffe vernichtete und siebenunddreißig Türme von den Kirchen der Stadt stürzte. Jedes Gewerbe stand still, alle Bande der Sittlichkeit lösten sich im Grauen der Pest, der Judenmord raste durch das Land und die aufgewühlte Litanei der Geißlerscharen tönte durch die Gassen. Es bedurfte einer festen Hand, die staatliche, kirchliche und bürgerliche Ordnung nicht ganz zerbrechen zu lassen.« (Tumler, Ordenschronik)

Winrich von Kniprode – Retter in der Not

Winrich von Kniprode war der Mann, der diese feste Hand besaß und zugleich auch mit Klugheit beschenkt war. Joseph von Eichendorff beschrieb die Wahl des Großkomturs zum Hochmeister in eindringlicher Weise:
»Die Gebietiger mit den Brüdern begaben sich in den Kapitelsaal der Marienburg. Hier ernannte der Statthalter in Übereinstimmung mit dem Konvente des Haupthauses einen Wahlkomtur. Dieser erkor einen Wähler, beide erkoren den dritten, diese drei den vierten, die viere den fünften und so fort, bis dreizehn Wähler ernannt waren, worunter sich jedoch ein Priesterbruder, acht Ritterbrüder und vier dienende Brüder befinden mußten. Nach ihrer erfolgten Bestätigung seitens des Kapitels schwuren die Wähler auf das Evangelium bei ihrer Seele, daß sie ›weder durch Minne, noch durch Haß, noch durch Furcht, sondern mit lauterem Herzen den wählen wollten, der ihnen der würdigste und der beste dünke zu einem Meister und der vollkommenste zu diesem Amte, daß er Berichter und Bewahrer sei der andern‹. Alle versammelten Brüder schwuren gleichfalls, den erwählten willig als ihren Meister aufzunehmen. Sodann schritten jene dreizehn in einem besonderen Gemache zur Wahl. Der Wahlkomtur hatte den ersten Vorschlag, die anderen folgten, die Mehrheit entschied. In solcher Weise ward auch Winrich von Kniprode aus den Rheinlanden zum Hochmeister erkoren. Alle hielten ihn für den edelsten, den tüchtigsten und unter den gesamten Gebietigern für den würdigsten. Jetzt ging das Glockengeläute von Burg zu Burg durchs ganze Land. Die Priesterbrüder im Kapitel stimmten das ›Herr Gott, dich loben wir‹ an, während die ganze Versammlung in die Kirche zurückkehrte, wo der bisherige Statthalter den Erwählten an der Hand vor den Hochaltar führte und ihm dort durch Darreichung eines Ringes und des Ordenssiegels die Ordensherrschaft überantwortete. Der neue Meister gelobte hierauf, die Gesetze und das Beste des Ordens zu fördern, damit er einst am Jüngsten Tage vor Gottes Urteil bestehen möge, und gab dem Statthalter und dem Priesterbruder, welcher sich unter den Wahlherren befand, den Bruderkuß.« (Eichendorff, Marienburg)
Der Historiker Walther Hubatsch prägte in seinem Ostpreußen gewidmeten Werk über den neu gewählten Hochmeister das Urteil:
»Die Regierung Winrichs von Kniprode, der mit dreißig Jahren Amtszeit am längsten von allen Hochmeistern an der Spitze des Ordens gestanden hat, kenn-

Die »Heilige Lanze« gehörte seit König Heinrich I. (um 876–936) zu den Heiligtümern des römisch-deutschen Kaisertums.

zeichnet sich durch den inneren Reichtum an friedlicher Gestaltung. Dadurch wird die Erinnerung an diesen Hochmeister von dem Gefühl einer glückhaften Epoche der Ordensgeschichte getragen. Der Eigenhandel des Ordens entwickelte sich. Eine blühende Geldwirtschaft gehörte in dieser Zeit ebenso zu den Obliegenheiten der Deutschen Herren wie der Schwertdienst. Die Prägung vieler tausend neuer Silbermünzen mit dem Hochmeisterwappen ist ein besonderes wirtschaftliches Kennzeichen der Regierung Winrichs von Kniprode. Die Ordensmonopole Bernstein und Getreide wurden von den Großschäffern in Königsberg und Marienburg wahrgenommen und erschlossen einen weitreichenden Handel im Gesamtgebiet der Ostsee und bis nach Süd- und Westeuropa hin. Dabei hörte die innere Kolonisation des Ordenslandes keineswegs auf. Winrich von Kniprode hat als Hochmeister die Grenzen seines Staates durch Begehungen genau abstecken lassen und die Ordensländereien von denen der Bischöfe durch vertragliche Grenzsetzungen klar unterschieden. In alledem ist ein rationaler Zug erkennbar.« (in: Wir Ostpreußen)

Freilich blieben Winrich von Kniprode auch Enttäuschungen nicht erspart, vor allem, wenn er mit ritterlicher Haltung den Zwiespalt zwischen dem Orden und den Litauern eingrenzen oder sogar ganz abbauen wollte. So wurde eines Tages der namhafte Anführer der Litauer, Kynstute, von den Ordensrittern gefangengenommen und gefesselt nach Marienburg gebracht.

»Winrich von Kniprode mochte voller Freude sein, daß das Glück und die Tapferkeit seiner Ritter ihm eine so kostbare Geisel in die Hand gespielt hatten. Er behandelte aber den gefangenen Fürsten ritterlich und ließ ihm die Fesseln abnehmen. Er wies ihm ein festes Gemach im Hochschloß an und ließ ihn durch zwei Ordensbrüder bewachen. Viele Wochen saß der Fürst dort gefangen. Weil er der deutschen Sprache nicht mächtig war, schickte ihm der Hochmeister seinen Diener Alf, einen getauften Litauer. Dieser vergaß die geschworene Treue zum Orden und beschaffte Kynstute Werkzeuge, mit denen er die Mauer durchbohren konnte. In dunkler Nacht, als die Ritter schliefen, ließ der Fürst sich an einem Seil in den Burggraben hinab, von dem er in den Hof des Mittelschlosses gelangte. Alf hatte dort aus dem Stall des Großkomturs zwei Rosse entwendet und brachte auch einen weißen Ordensmantel mit dem schwarzen Kreuz herbei. Die Wächter an den Toren öffneten den beiden vermeintlichen Ordensrittern die Pforten und nun jagte Kynstute mit seinem Retter durch die preußischen Wälder südwärts, um Masowien zu erreichen. Von der Grenze sandte er dem Großkomtur die Rosse zurück und von Traken aus ließ er einen spöttischen Brief folgen, er wolle dem Hochmeister, wenn dieser in seine Hände fiele, eine bessere Herberge gewähren.« (Tumler, Ordenschronik)

Blüte der Kultur trotz politischer Gefahren

Der Kampf gegen Litauen wuchs sich für den Orden mehr und mehr zu einer Frage des Überlebens aus. P. Marian Tumler schrieb darüber in seiner Ordenschronik:

»Dem Orden blieb nach der Unterwerfung Livlands und Preußens keine andere Wahl, als diesem Feind im eigenen Lande zu Leibe zu rücken. Das bot zugleich den Vorteil, daß man gegen die heidnischen Litauer das Programm des Glaubenskampfes erfüllen konnte. Der Kampf wäre aber auch ohne diese Momente für den Ordensstaat zur unausweichlichen Notwendigkeit geworden, weil sich Unter-Litauen als trennender Keil tief zwischen beide Ordensländer einschob und so deren Zusammenwachsen unmöglich machte.«

Die Ära Winrichs von Kniprode blieb aber deshalb keineswegs nur erfüllt vom Kampf gegen die Litauer. Die Zeit dieses Hochmeisters fiel ja in die kulturgesättigte Periode Karls IV. Der Elbinger Paul Fechter kennzeichnete die geistige Größe dieses Zeitalters mit den Worten:

»In der Marienburg gipfelt, trotz Danzig, die norddeutsche Backsteinwelt. Danzig, die Marienkirche, das Rathaus mit seinem holländisch heitern Turm, die Katharinenkirche und das Haus der Pelpliner Bischöfe – das alles ist Stadt. Die Marienburg aber ist eine Welt für sich, ist die Ordenswelt, deren geistig staatliches Wesen noch heute unverkennbar herrisch und überlegen spricht, Wesen von Menschen jener Art, die einst das Stauferreich trugen, das Walther und Wolfram, das Nibelungenlied und die Gestalten des Bamberger Domes hervorbrachte. Das Schloß Marienburg hat an Ausmaßen weithin über die Grenzen des Reiches nicht seinesgleichen: Es entstand aus dem gleichen Backstein wie Lübeck und Wismar, wie Chorin und Brandenburg. Mit der Marienburg kam für die kriegerisch erobernde Welt des Ordens, deren große Dokumente die Backsteinarchitektur des Ostseebereichs geschaffen hatte, die Rückwendung zu der großen alten Kultur der westlichen Welt. In dem Bau über der Nogat wurde dieser Kulturwille auch für die neu eroberte östliche Welt mit selbstverständlicher Sicherheit offenbart. Weltliche Macht und geistliches Leben vereinten sich hier zu einem Ganzen, in dem der transzendente Zauber von Lübeck zusammenfloß mit souveränem staatlichen Herrscherwillen: Was die Städte in Rathaus und Kirche nur nebeneinander stellen konnten, wurde hier innere Einheit. Die Marienburg war jedoch nicht nur Sinnbild der Macht und der politischen Energien des Ordens: Sie war zugleich der östliche Vorposten des Reichs, das bleibende Dokument der großen ritterlichen Kultur der größten Zeit. Die hieß im Westen Bamberg, hieß in Mitteldeutschland Naumburg: Dazu trat unter Winrich von Kniprode Marienburg – hundert Jahre später, aber aus dem gleichen Geist erwachsen wie der Wartburgpallas und die Baukultur der Stauferzeit.« (in: Wir Ostpreußen)

Zum Höhepunkt der ritterlichen Baukultur wurde, bestaunt und besungen, Meisters Großer Remter, der nach Eichendorffs Vision als »Aufenthalt von unbeschreiblich milder Heiterkeit, wo alles Gemeine sein Recht verliert« (Eichendorff, Marienburg) galt. P. Marian Tumler stimmte in seiner Ordenschronik diesem Dichterwort zu.
»Meisters großer Remter ist die höchste Leistung der Baukunst des Ordens. Wer ihn durchwandelte, ob einfacher Mensch oder Kunstkenner, war hingerissen von den Proportionen und Maßen, vom Reichtum der Wölbungen.«

Vision und Strenge

Die Blütezeit des Ordens unter Winrich von Kniprode war von einer weitschauenden Vielfalt erfüllt – im Bereich der Baukultur, aber auch in der Pflege mönchischer Dichtkunst. Die Ritter lebten damals getreu dem in ihrer Zeit ersonnenen Vers:
»Ich hab mir einen Vrund erkoren
Jesum den herren min
des brute will ich stete sin.«
Die Vielfalt aber reichte über innige Glaubensstärke und Hochblüte von Baukultur und Dichtkunst weit hinaus. In der Ära des Winrich von Kniprode wurden Belagerungsmaschinen entwickelt, die in ihrer Vollendung auch ein Leonardo da Vinci nicht besser hätte ersinnen können. Schließlich aber wurde auch noch die Kulmer Handfeste – das in der Zeit Hermann von Salzas geprägte Stadtrecht – wieder mit Leben erfüllt. Kolonisten wurden angeworben und nach einem wohldurchdachten Genossenschaftsprinzip mit Land, aber auch mit Freiheiten und Rechten bedacht. Die Steuergesetzgebung »atmete«, wie es damals in poetischem Deutsch ausgedrückt wurde, »den Geist der Milde und Humanität«. Welch ein Urteil aus einer Zeit, die immer wieder als roh und kulturlos gescholten wird. In einem zeitgenössischen Bericht stehen auch die schönen Worte zu lesen: »In diesem Staat gab es keinen übermächtigen, aber auch keinen unterdrückten Stand und jeder Stand hatte sein gesichertes Einkommen.« Selbst entschiedene Kritiker des Ordensstaates gaben uneingeschränkt zu: »In Preußen blühen Ehre und Frieden, Strenge und Gerechtigkeit.« (Koch, Geschichte Preußens) Und Reinhold Schneider stellte die Frage:
»Hat das große Werk der Staufer in Sizilien im Nordosten einen Nachfolger gefunden? Aber auch die Staufer bauten ja nur auf normannischem, arabischem und byzantinischem Erbe fort. Rechnung und Rechenschaft, eine unerbittliche, weniger von Mißtrauen, als von dem Willen zur Sache geschaffene Kontrolle, der die niedern wie die höchsten Beamten unterliegen, überwacht die Verwaltung der hartumkämpften Erde. Das Buch des Tresslers verzeichnet sogar die Kosten für die Anfertigung eines neuen Schlosses an der Tür des Meisterzimmers.« (Schneider, Hohenzollern)
Eine unerbittliche Strenge hielt den Ordensstaat zusammen, Strenge und Kargheit – auch im Gewand. Ein überlie-

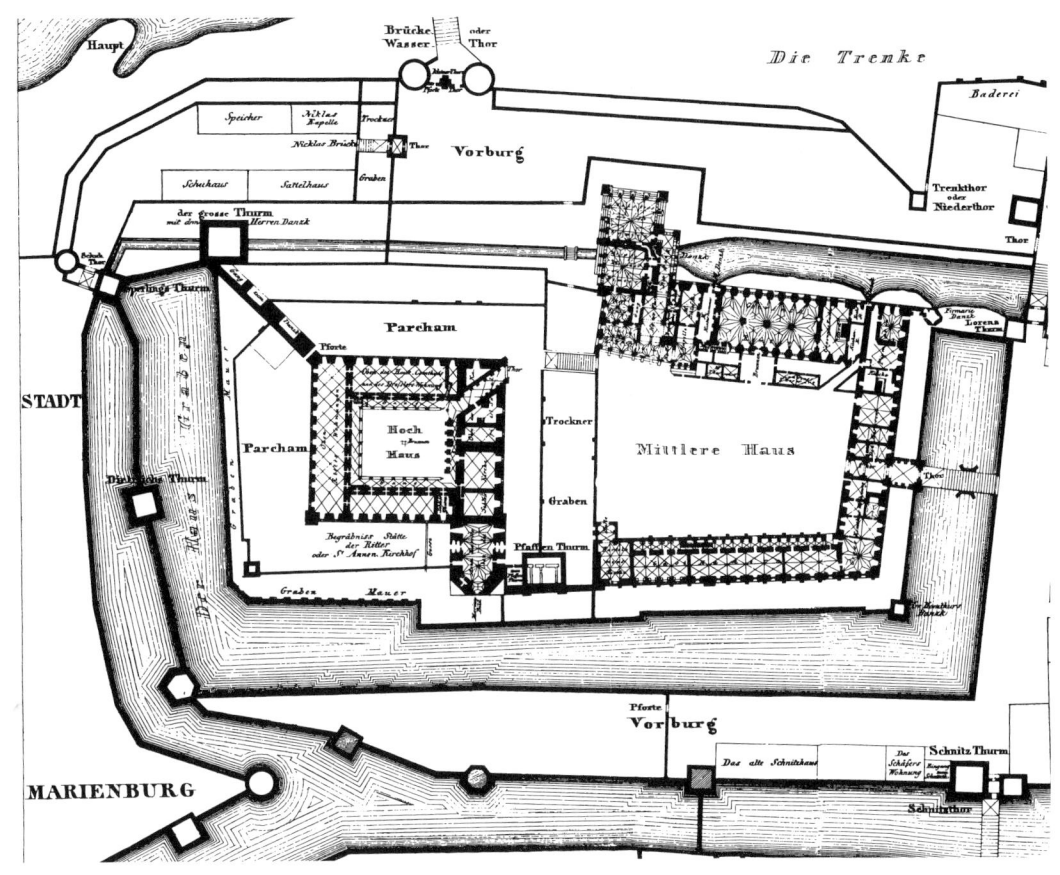

Lageplan der Marienburg (Detail). Kupferstich von Böhm, 1844.

Reinhold Schneider es ausdrückte, »für den einzelnen kein eigenes Glück«. »Die Zellen und Wohnkammern der Brüder sind nur durch Gitter verschlossen, die niemals verhängt werden dürfen; sie alle tragen das selbe Gewand, gefertigt aus Stoffen, die andere für sie kauften und verwahren; ihre Truhen stehen offen: Was hätten sie auch zu verbergen? Geld geht nur durch die Hand derer, die den Auftrag haben, es zu verwalten, des Tresslers und des Komturs; andere, denen Geld anvertraut wurde, müssen es abliefern, wenn der Tag sich neigt. Als sie hereintraten aus der bewegten, vielgestaltigen Landschaft des Lebens in die starre Geschlossenheit der Burg, gaben sie ihre Wappenschilder auf, die doch zum wenigsten von vier Ahnen geführt worden waren: Ihr Wappen ist von nun an das Kreuz, das den größten Kampf gebietet und den ewigen Frieden verspricht.« (Schneider, Hohenzollern)

Hartes Reglement auch im täglichen Umgang

Die Strenge war – nach heutigen Begriffen – fast unglaublich: »Selbst an der Tafel essen zwei aus einer Schüssel.« Gesellschaften, Brautläufe und Rittertage sollten die Ordensbrüder meiden oder nur besuchen »um der Geschäfte des Ordens willen oder um die Seelen zu gewinnen«. Bei solchen Besuchen war ihnen aber das Gespräch mit »Frauenzimmern« untersagt, vor allem aber das »Küssen der Jungen und der Frauen, welches ein offenes Zeichen der

ferter Vers verrät das auf sinnfällige Art. »Ein igelich bruder sal haben zwei hemede, zwei nidercleit, zwei par hosen, ein jupel, eine cappen, einen mantel oder zweene.« Auch der Tagesablauf verlief ebenso wie der Ruf zum Gebet nach einem genau festgeschriebenen Reglement. P. Marian Tumler bestätigt das – und die ganze Lebensart, auch die Lebensmoral – mit einem bewegenden Beispiel.

»Wie schwer man die Verpflichtung zum heiligen Offizium nahm, sieht man aus einigen Fällen. Als die Ordensbrüder die ausgehungerte Riesenburg heimlich räumten, blieb ein alter Bruder mit dem Auftrag zurück, zu den Horen zu läuten. Die Preußen wagten sich erst nahe heran, als die Glocke verstummte. Die Besatzung war zu dieser Zeit schon lange in Sicherheit.«
Das Gebot des Ordens duldete, wie

Unkeuschheit und weltlicher Minne ist. Solches ist ihnen so unerlaubt, daß sie auch ihre eigene Mutter oder Schwester nicht küssen sollen.«

Mönchisch karg war auch, wie in der Ordenschronik zu lesen ist, die Tafel.
»›An drei Tagen in der Woche sollen die Brüder Fleisch essen, an drei Milch- und Eierspeisen, an Freitagen aber Fastenspeisen.‹ Tage mit reinen Fastenspeisen waren nicht weniger als hundertzwanzig im Jahr. An diesen Fastentagen mußten sich die Brüder mit einer Mahlzeit und einem Abendtrunk begnügen. Sonst gab es zwei Mahlzeiten. Während des Essens hatte Stillschweigen zu herrschen und in den Häusern mit einem wirklichen Konvent eine Lesung stattzufinden. Der heutige Stadtmensch kann sich eine solche Lebensweise kaum vorstellen, die Menschen des Mittelalters blieben dabei aber gesund und leistungsfähig. Etwas freigiebiger war man mit dem gewährten Trunk. Nach der Ordensregel gebührten jedem Bruder täglich zwei Quart. Diese Bestimmung war noch den Verhältnissen im Orient angepaßt und auf Wein bezogen. Sie dürfte im Norden bald abgekommen sein, weil dort Wein als normales Getränk nur in wenigen Balleien in Frage kam; dafür aber wurde Bier in großen Quantitäten genossen.«

Diese Strenge bewahrte den Orden vor manch einer inneren Krise. Vor der Bedrohung von außen konnte sie die Brüder jedoch nicht schützen; und diese – unabwendbare Bedrohung – deutete sich kurz nach dem Tod des Winrich von Kniprode mit der 1386 gefeierten Heirat des Litauerfürsten Jagiello und der polnischen Kronerbin Hedwig ab. Die Gefahr führte nach den Worten P. Marian Tumlers am Ende zu einer tödlichen Umklammerung des Ordensstaates.

»Auf der ganzen Südfront des preußischen Ordensstaates mit einer Ausdehnung wie von Wien bis Paris lastete der Druck eines mehrfach größeren Machtblockes, der mit Gewalt zur Ostsee drängte.« (Tumler, Ordenschronik)

Die Stunde des Heinrich von Plauen

Zunächst gewann der Orden aber in dieser Zeit sogar noch an Ausdehnung. Er erhielt Teile der Neumark bis Küstrin. Das Staatsgebiet reichte daher im frühen 15. Jahrhundert von der Oder bis zur Narwa. Doch das Ende war vorgezeichnet. Es kam auf dem Schlachtfeld von Tannenberg. Joseph von Eichendorff weihte dieser dunklen Stunde die Worte:

»Der Meister mit fast allen Ordensgebietigern und sechshundert Rittern und Knechten sinkt auf der Wahlstatt, vierzigtausend Leichen seines Heeres um ihn her. Der Orden schien mit einem Schlage vernichtet, alles verloren, nur die Ehre nicht, denn sie war durch sechzigtausend erschlagene Polen blutig erkauft.« (Eichendorff, Marienburg)

Ein Jahr nach der Schlacht vom 15. Juli 1410 bauten die Brüder auf dem Felde von Tannenberg eine Kapelle für das Seelenheil derer, »dy do geslagin von beyden teilin yn dem stryte«. Die Brüder konnten diese Kapelle bauen, denn ein Wunder war geschehen: Der Orden war wohl geschlagen, gedemütigt, zurückgedrängt, aber er war nicht untergegangen. Heinrich von Plauen, ein Mann – wie es einmal formuliert wurde – von »düsterer Größe«, hatte den Orden mit Härte und Umsicht, mit Klugheit und Strenge vor dem Untergang bewahrt. Den Siegern von Tannenberg trat – nach den Worten Reinhold Schneiders – »ein Wille entgegen, geformt und geschlossen wie das Meisterhaus selbst: Heinrich von Plauen«.

Doch Plauen überzog wohl seine Macht und unterschätzte die Empfindlichkeit seiner Ordensmitbrüder. »Herrisch ist seine Sprache; unerträglich sein Befehl.«

»Heinrich von Plauen wird seines Amtes entsetzt, und der Orden, dessen inneres Feuer verglomm, stürzt seinem Ende zu. Mit seinem Werk hat der letzte große Hochmeister aber seinen Gott nicht verloren; wie sonst könnte er um das Komturamt zu Engelsburg bitten; wie sonst den Verlust auch dieser Würde ertragen und sich als Gefangener nach Brandenburg und endlich nach Lochstädt bringen lassen. Von dort, von dem verlorenen Strande des Fischhausener Wieks, hallt sein letztes Wort in die Geschichte, in deren furchtbaren Entscheidungen er mitgekämpft hatte: Kein Befehl mehr, kein zorniger Vorwurf über den Verfall der Form, der sich ringsum ereignet, sondern die Klage des Hungernden um Bier und schwarzes Brot.« (Schneider, Hohenzollern)

Zuflucht im Taubertal

Residenz Mergentheim

»Gott«, schrieb Immanuel Kant, »ist ein kategorischer Pflichtimperativ, vor dem sich alle Knie beugen, die im Himmel und auf Erden sind.« Der weise Königsberger ergänzte diese Worte noch mit dem Hinweis: »Der Name Gottes ist heilig, ohne daß eine Substanz angenommen werden darf, welche dieses Wesen für die Sinne repräsentierte.«
Das ist eine erschreckend kühle, aber am Ende auch wieder beinahe liebenswerte preußische Definition Gottes – ein Bekenntnis, das über die Zeit hinweg seine Bedeutung bewahrte. Und noch eines schrieb Kant, nämlich, daß der Deutsche Orden in Preußen versucht habe, »das Reich Gottes auf Erden zu schaffen«. Doch der Orden scheiterte in Preußen, vielleicht weil, wie Reinhold Schneider es ausdrückte, »der Glaube an die große Form verloren ging, die mit gewaltigen Quadern auf der Erde gegründet war: Die aber die letzte Bestätigung ihres Seins und Wirkens nicht von der Erde erwartete.«
Eine Bestätigung jedoch wurde nach Joseph von Eichendorff zur beglückenden Wirklichkeit.
»Die Gruft der St. Annenkapelle hat wunderbarerweise nur die Grabsteine der drei bedeutendsten Hochmeister mütterlich bewahrt – die Dietrichs von Altenburg, Winrichs von Kniprode und Heinrichs von Plauen. Die Zeit und der Frevel der Menschen hatten kein Recht daran.« (Eichendorff, Marienburg)

Ende in Preußen

Frevel, Unrecht und Ungeist zerschlugen den Orden in Preußen. Der Erste Thorner Friede brachte Demütigungen, der Zweite beschwor das Ende herauf. Der Erste Thorner Friede von 1411 verlangte vom Deutschen Orden nur geringfügige Abtretungen von Land, brachte ihn jedoch durch enorme Geldforderungen der Polen wirtschaftlich an den Rand des Ruins. Durch den Zweiten Thorner Frieden von 1466 verlor der

Hauptportal des Mergentheimer Schlosses.

Urkunde der Belehnung Albrechts von Brandenburg mit Preußen durch König Sigismund I. von Polen im Jahre 1525.

Dieser Zeremonialhelm wurde beim Begräbnis eines Ordensritters mitgetragen oder auf den Sarg gestellt.

Orden das westliche Preußen. Der Hochmeister wurde gezwungen, dem König von Polen den Treueid zu leisten. Zwischen die Friedensschlüsse drängte sich sinnbildlich für die verlorene Aufgabe der Verlust der Marienburg.

Der »letzte Meister« schlug nach der Flucht aus dem Hochschloß an der Nogat seine Residenz in Königsberg auf. Die Stadt begrüßte ihn, wie zum Trost, bei seiner Ankunft mit einem »Fäßlein Bier«.

Doch es gab eigentlich keinen Trost. Die Zeit des Ordens in Preußen war um. Wohl residierten die Hochmeister noch in dem Schloß, in dem sich später die Könige in Preußen auf ihre Krönung vorbereiteten. Wohl gingen noch Botschaften und Befehle aus zu den Niederlassungen an Narwa und Düna, zu den Ordenshäusern in Spanien und Frankreich, in Italien und Deutschland. Die Vision eines vorausgeahnten europäischen Imperiums lebte noch, aber sie bröckelte mehr und mehr ab und sie erlosch in Preußen, als Hochmeister Albrecht von Brandenburg den Ordensmantel mit der weltlichen Herzogswürde vertauschte. Doch bevor er zur Lehre Luthers übertrat, gab er einem Maler den Auftrag, eine reichgeschmückte Ablaßtafel zu schaffen. Welche Melancholie verbirgt sich dahinter! Vom letzten Hochmeister in Preußen erhielten sich kaum Erinnerungsstücke. Die Residenz seiner Amtsvorgänger in Marienburg ist heute ein vielbesuchtes polnisches Museum und die Residenz in Königsberg wurde im letzten Krieg bis auf einige Mauerreste zerstört. Die Stadt selbst fiel 1945 an Sowjetrußland und wird jetzt Kaliningrad genannt. Von der Geschichte der »Stadt im Norden«, die Agnes Miegel besang, erhielten sich nur wenige sichtbar gebliebene Erinnerungen. Dazu gehört die Ablaßtafel des letz-

Schrift von Martin Luther an den Deutschen Orden.

ten Hochmeisters in Preußen. Sie wird in der Schatzkammer des Deutschen Ordens in Wien aufbewahrt.

Vom Hochmeister zum Herzog

Der Stifter dieser Ablaßtafel gab, wie bereits erwähnt, das Amt des Hochmeisters auf und erhielt die Würde eines weltlichen Herzogs in Preußen. Er nahm sein Herrschaftsgebiet aus der Hand König Sigismunds I. von Polen als Lehen. Die in Krakau vollzogene Zeremonie wird unterschiedlich bewertet – als Demütigung, aber auch als Geste der Verständigung zwischen Polen und Deutschen. Der Historiker Stephan

Turm des Schlosses von Königsberg. Königsberg war von 1457 bis 1525 die Residenz des Hochmeisters.

Dolezel schildert diese am 10. April 1525 vollzogene Eidesleistung folgendermaßen:
»Albrecht nahm stehend die Fahnenstange aus Sigismunds Händen, während Markgraf Georg das Tuch ergriff. Die Lehnsübergabe war damit symbolisch vollzogen, ebenso die Mitbelehnung von Albrechts Brüdern Georg, Kasimir und Johann.«
Diese Mitbelehnung sollte von großer Bedeutung für die Zukunft sein, denn die Erben des kinderlosen ersten Herzogs in Preußen wurden damit zugleich Erben des Landes, in dem die »Brüder des Deutschen Ordens« – nach Reinhold Schneiders Worten – »als erste die Farben der künftigen Macht« getragen hatten.
Albrecht von Brandenburg hatte sich die Entscheidung und damit den Verzicht auf sein Hochmeisteramt nicht leicht gemacht. Er rang lange mit sich, führte Gespräche mit Martin Luther, bevor er das Hochmeisterkreuz niederlegte. Er ahnte sehr wohl, daß der Orden – wie Leopold von Ranke es viele Jahre später ausdrückte – für Europa und für Deutschland »ein Bollwerk des Abendlandes gegen den Osten« war. Doch Albrecht sah nur die Möglichkeit der Aufgabe. Das Reich, das mit sich und mit den Bauernkriegen genug zu tun hatte, ließ ihn im Stich. Ohne Frage litt der Orden unter der Zäsur – wenn freilich vielleicht auch nur bedingt, denn P. Marian Tumler stellte später die entscheidende Frage: »Was sollte der Orden in dem fast ganz evangelisch gewordenen Ostpreußen?«

Neubeginn in Mergentheim

Der Orden suchte sich eine neue Mitte und fand sie in Mergentheim. Seltsam genug: Ausgerechnet in Mergentheim war der letzte Hochmeister in Preußen im Jahre 1511 in den Orden aufgenommen worden. Die Stadt im Taubergrund hatte damals schon eine lange Beziehung zum Deutschen Orden. Bereits 1219 gründete Hermann von Salza nach einer Schenkung der Brüder Hohenlohe dort eine Komturei.

Ein Hohenlohe, dessen Familie die Gründung der Komturei Mergentheim ermöglicht hatte, wurde später – noch im Heiligen Land – zum Hochmeister des Ordens gewählt. Um die Komturei selbst wuchs eine Ansiedlung, die von Ludwig dem Bayern im Juli 1340 das Stadtrecht erhielt.

»Wir Ludwig, von gots gnaden Römischer cheiser, ze allen ziten mehrer des richs, tun kund allen den, das wir durch besunder gnad und günst, die wir haben zu den brüdern dez Tutschen ordens und zü dem huse ze Mergentheim [...].«

In dieser durch Eduard Mörike besungenen und später von Wilhelm Hausenstein gepriesenen Stadt suchte der Orden nach dem Niedergang in Preußen Zuflucht. Kaiser Karl V., in dessen Reich »die Sonne nicht unterging«, gab sein Einverständnis, daß der Meister in Mergentheim »seine Zelte aufschlagen« konnte. Dennoch besaß der Orden zwei Jahre hindurch kein Oberhaupt. Es war keine Zeit für eine Wahl. Der Bauernkrieg erschütterte Stadt und Umland. Die Bürger von Mergentheim, die dem Orden wohl ihre Treue zugesichert hatten, gingen zu den Bauern über, weil sie nicht nur insgeheim hofften, sich damit von der Herrschaft der Brüder zu befreien. Doch der Versuch mißlang. Theodor Heuss notierte darüber die Sentenz: »In der vielregierten Landschaft quälte sich im großen Bauernkrieg eine politische Einheit heraus, bis aus dem schwäbischen Raum der Schlag kam, unter dem der rauhe und ungeformte Wille gänzlich zusammenbrach.« (Diehm, Geschichte der Stadt Mergentheim) Nach der Rückkehr des Deutschmeisters in das aufrührerische Mergentheim begann ein strenges Gericht. Bei Franz Diehm steht darüber zu lesen: »Die Anführer, darunter mehrere Ratsherren, wurden enthauptet. Die übrigen Teilnehmer an dem Aufstand wurden gezwungen, den Hinrichtungen zuzusehen. Sie wurden mit Ruten gestrichen, ihnen zwei Finger der rechten Hand abgehauen. Sie durften nur noch einen halben Bart auf der linken Gesichtsseite tragen.«

Glanz trotz innerer Not

Doch über die Stadt brach nicht nur ein Strafgericht herein. Mergentheim bekam auch nach der Wahl des nun jenseits der preußischen Grenzen residierenden Hochmeisters die staatspolitische Fürsorge einer zwischen Nogat und Pregel geschulten Administration zu spüren. Der neue Hochmeister, Walter von Kronberg, gründete eine Apotheke. Er ließ eigene Münzen schlagen und schenkte der Stadt wieder und wieder seine Gunst. Seine größte und in die Zukunft weisende Tat – revolutionär in seiner Zeit – war die Aufhebung der Leibeigenschaft. In der 1537 besiegelten Urkunde – geschrieben im umständlichen Deutsch der damaligen Zeit – steht zu lesen: »Wir, Walter von Kronberg, haben erfahren, wie wenig nützlich die Leibeigenschaft so von unvordenklichen Zeiten bei ihnen Herkommen unserem Orden und wie hoch nachteilig, verhinderlich und beschwerlich sie der Bürgerschaft bisher ge-

Epitaph des Hochmeisters Walter von Cronberg (1527–1543). Marienkirche, Bad Mergentheim.

wesen, so daß wir die Leibeigenschaft mit allen Anhängen und Beschwerden gänzlich und gar für uns und für alle Bürger und Bürgerinnen so jetzund in Mergentheim wohnen, aufgehoben haben [...].«

Ohne Zweifel trug Hochmeister Walter von Kronberg damit entscheidend dazu bei, die Franken im näheren und weiteren Umland von Mergentheim zu dem zu machen, was Karl Theodor zu Guttenberg unter dem Begriff »Architekten der Gesellschaft Europas« verstand. Nach einem anderen Zitat werden diese Franken – nicht ohne Grund – auch »zu den besten Deutschen« gezählt, die »Mutter Germania je hatte«! Die Ordensballei Franken besaß daneben entscheidenden Anteil an der Besiedlung und Kultivierung des Ordenslandes Preußen. Doch die Ballei geriet mehrfach in den Sog der zerstörerischen Geschichte – zunächst während der Bauernkriege, dann im Dreißigjährigen Krieg. Der Hochmeister mußte damals vor den Scharen Gustav Adolfs von Schweden in den äußersten Winkel Deutschlands flüchten, nämlich auf die Insel Mainau im Bodensee.

Auch der von 1543 bis 1566 regierende Hochmeister Wolfgang Schutzbar litt noch lange nach dem Ende der Bauernkriege unter der Unruhe, die damals Süddeutschland und vor allem das Umland von Mergentheim erfüllte. Nicht zufällig stehen auf Wolfgang Schutzbars Grabstein die ehrenden Worte: »Er hatte einen schweren Durchgang durchs Leben gehabt, hatte manchen harten Kampf zu bestehen wie mit den Fürsten,

Natternzungenkredenz: Die fossilen Haifischzähne wurden für versteinerte Zungen von Schlangen gehalten. Sie sollten zum Erkennen vergifteter Speisen dienen. 14. Jh. bis 1540.

so selbst mit seinen eigenen Ordensbrüdern. Wo er aber kämpfte, galt es immer der ihm heiligen Pflichtsache seines Ordens, dessen Rechte und Freiheiten, dessen Erhaltung in guter Sitte, Ordnung und Gesetz, dessen Achtung und Ehre vor der Welt.«

Doch der Überlebenswille der Mergentheimer und der Brüder des Ordens war stärker als alle Belastung. Bürger und Brüder begegneten allen Beschwernissen mit einer tiefgläubigen Gesinnung. Sie lockten Balthasar Neumann in die Stadt und ließen sich von ihm die barocke Schloßkirche erbauen, deren Schmuck von François Cuvilliés stammen soll.

Barocke Sitten lebten in Mergentheim damals in vielfacher Weise auf. Am Hofe des Hochmeisters wurde ein bis heute in der Wiener Schatzkammer bewahrtes Gerät benutzt, mit desesen Hilfe die Speisen, die auf die Tafel des obersten Gebietigers des Ordens kamen, auf Verträglichkeit geprüft wurden. Über die Lebensfreude der Mergentheimer – die zuweilen ein wenig der sittenstrengen Ordensmoral widersprach – wußte auch Theodor Heuss einiges zu erzählen. Da gab es etwa den trinkfreudigen Mergentheimer Dichter Hans Heinrich Ehrler. »Als Ehrler einmal nach längerer Abwesenheit wieder in seine Heimatstadt kam, versteckte er im Beichtstuhl der Stadtkirche eine Flasche Wein. Der Arzt hatte ihm das Trinken verboten. So zog sich der Dichter in gemessenen Abständen in die Kirche zurück und holte sich einen Schluck.

»Zochascher Willkomm«: Der Kopf des Hirschen kann abgenommen und ebenso wie der Leib als Trinkgefäß verwendet werden. Um 1570.

Kokosnußpokale. 16. Jh.

›Schpäter, wie er mir das erzählte, hab ich ihm empfohle, jetzt muscht aber zum Pfarrer und dei Gewisse erleichtere. Des mascht am beschte so: Du sagscht, Pater peccavi, spiritualiter. Vater, ich habe gesündigt auf geistige Weise!‹«
Theodor Heuss wußte aber nicht allein dies liebenswerte Histörchen zu erzählen. Er spürte in Mergentheim auch den »deutlichen Nachklang von geistlicher Selbstherrschaft«.

Regiment Hoch- und Deutschmeister Nr. 4

Während der Mergentheimer Zeit des Ordens, genauer gesagt, während der Bedrohung Wiens durch die Türken im ausklingenden 17. Jahrhundert, wurde durch den Deutschmeister und Pfalzgrafen bei Rhein, Franz Ludwig, das vielgerühmte Regiment Hoch- und Deutschmeister gegründet, das später bei Zenta seine Feuertaufe erhielt. Bei der ersten Musterung in Donauwörth stiftete die Kaiserin Eleonore eigens eine Fahne. Damals klang wohl auch zum ersten Male der Eid der Hoch- und Deutschmeister auf.

»Wir Offiziere und Soldaten schwören und geloben zu Gott dem Allmächtigen und seinen Heiligen mit diesem körperlichen Eid: Daß, solang uns Gott leben läßt, wir bei unserem löblichen Regiment und Fähnlein in allem, was uns zu Ihrer Römischen Kaiserlichen Majestät Diensten und Nutzen schaffen und abbefehlen werden, alles treu, aufrichtig und fleißig, ohne einigen Widerwillen, verrichten und gehorsamen wollen [. . .].«

Ordensritter. Handschrift aus der 2. Hälfte des 18. Jh. (Hs. 732A DOZA).

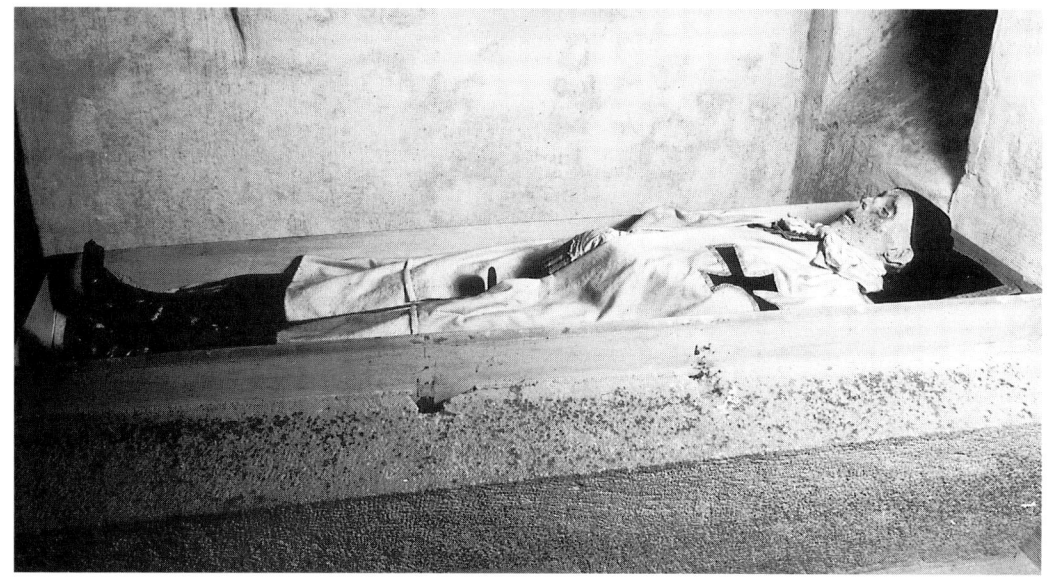

Mumie des Landkomturs Karl Heinrich Freiherr von Hornstein (1717–1743). Gruft der Mariahilf-Kapelle, Ellingen.

In die Epoche dieser historischen Rückbesinnung fällt als beweisbare Überlieferung die Tätigkeit des Deutschordensbruders P. Peter Rigler, der 1796 im tirolerischen Sarnthein geboren, manche Reform des Ordens anregte und durchsetzte. Er war Professor und Spiritual am Priesterseminar in Trient, ein begnadeter Erzieher der Jugend, ein geschätzter Seelenführer und Exerzitienleiter. Als Gründer der Priesterkonvente und geistlicher Leiter der Schwestern erneuerte er den Deutschen Orden von innen heraus. P. Ulrich Gasser schrieb in einem Lebensbild, das er dem Tiroler widmete, den bezeichnenden Hinweis: »Hochmeister Erzherzog Maximilian setzte sich mit großem Eifer für die Reform des Deutschen Ordens ein, dem am Beginn des 19. Jahrhunderts, innerlich bereits

Es war die Zeit, in der Jan Sobieski allem Hader zwischen deutschsprachigen und nichtdeutschsprachigen Europäern zum Trotz in der Stunde der Not den Wienern zur Seite stand und großen Anteil am Sieg in der Schlacht am Kahlenberg hatte. Jan Sobieski erklärte damals: »Wien ist jetzt wichtiger als Krakau.«
Damals sahen nicht wenige Ordensbrüder in Mergentheim nicht allein eine Zuflucht nach dem Verlust Preußens. Einige Hochmeister spielten sogar mit dem Gedanken, von der Stadt im Taubertal aus die verlorenen Gebiete zwischen dem Weichseltief und der Memelniederung zurückzugewinnen.

Blüte jenseits aller politischen Visionen

Andere Hochmeister wieder blickten nicht nach Osten, sondern nach Westen und trugen Bautraditionen aus dem Neckarland nach Mergentheim. Tradition besaß Gewicht in der damaligen Zeit. So wird in der Wiener Schatzkammer des Ordens ein Ring gezeigt, der auch in Mergentheim bei der Inthronisation der Hochmeister als Symbol diente. Nach einer allerdings recht romantisch anmutenden Überlieferung soll schon Hermann von Salza in den Tagen der Staufer diesen Ring besessen haben. In Wien freilich hält man diese Behauptung für fragwürdig.

Mariahilf-Kapelle (1731), Ellingen.

Residenz Ellingen, Innenansicht der Schloßkirche (1300, im 18. Jh. barockisiert).

Deutschordenspriester Peter Paul Rigler (1796–1873).

Medaille von 1761 anläßlich der Wahl Karl Alexanders von Lothringen zum Deutschordensmeister.

erlahmt, äußere Wirren beinahe den Todesstoß gegeben hatten. Peter Rigler war, wie der Hochmeister, überzeugt, daß der Deutsche Orden nur dann wieder aufblühen konnte, wenn auch die Priesterbrüder zu einer Gemeinschaft zusammengeschlossen wurden. Damals lebten sie nämlich ohne irgendwelche Beziehungen zueinander einsam und verstreut wie die Weltpriester. Professor Rigler war auch der Ansicht, die geistliche Leitung der Ordensschwestern sei nur dann gesichert, »wenn sie durch Priester geschehe, die vom selben Geist beseelt waren.« Althochmeister Ildefons Pauler nannte Peter Rigler gewiß nicht zufällig »den Engel von Tirol«.

Die Geschichte des Deutschen Ordens war vor dem neuerlichen Niedergang von Euphorie beseelt. Erinnerungen an Königsberg verbanden sich mit den Klängen der Deutschmeistermelodien. Der aus Bayern stammende Hochmeister Clemens August hatte längst manche Rückbesinnung aufs Barock angeregt – Freude am Prunk, der sich weitgehend an der Kunst des Neckarlandes orientierte, war die Folge. Hochmeister Maximilian Franz von Österreich schließlich belebte die Kulturtradition in Mergentheim auf besondere Art. Während des Generalkapitels im Jahre 1791 erlebte Mergentheim eine Reihe festlicher Veranstaltungen. Der Hochmeister hatte eine Hofkapelle mitgebracht, in der auch der junge, schon komponierende Ludwig van Beethoven musizierte.

Medaillon von 1770, Karl Alexander von Lothringen (1761–1780).

Hochmeister Clemens August von Bayern (1732–1761).

Ende und Auflösung in Mergentheim

Beethovens Wirken in Mergentheim wurde zum Schwanengesang oder Ausklang der Zeit des Deutschen Ordens in der Tauberstadt. Napoleon diktierte 1805 im Frieden zu Preßburg das Ende: »Die Würde eines Hoch- und Deutschmeisters, die Rechte, Domänen und Einkünfte, welche vor dem gegenwärtigen Krieg von Mergentheim, dem Hauptsitz des Deutschen Ordens, abhingen, sollen erblich werden in der Person desjenigen Prinzen des kaiserlichen Hauses, welcher von dem Kaiser von Deutschland und Österreich dazu ausersehen wird.«

Für den Deutschen Orden bedeutete das – jedenfalls in Deutschland – das Ende. Es kam jedoch noch ärger. Die Rheinbundstaaten nahmen Besitz von den alten Ordensländereien und damit wurde die Lage für die Ordensbrüder, die auf spärlicher Grundlage durchgehalten hatten, aussichtslos. Schon 1809 verfügte Napoleon dann in einer wortkargen Erklärung:

»Der Deutsche Orden ist in allen Staaten des Rheinbundes aufgehoben. Alle Güter und Domänen des Ordens werden mit der Domäne der Fürsten, in deren Staat sie liegen, vereinigt. Das Gebiet von Mergentheim mit den an das Hochmeistertum geknüpften Rechten, Domänen, Revenuen wird mit der Krone Württembergs vereinigt.«

Die Tage der Residenz in Mergentheim waren vorüber. Nicht wenige Mitglieder des Ordens ahnten die Entwicklung voraus und sorgten dafür, daß die meisten Kostbarkeiten aus der hochmeisterlichen Schatzkammer rechtzeitig in Sicherheit, in diesem Fall also aus Mergentheim fortgeschafft und nach Wien gebracht wurden. In der Donaustadt wurde die Schatzkammer dann neu aufgebaut. Dort sind zum Beispiel Münzen mit halbvergessenen Wertbezeichnungen wie Schoter und Kreuzgroschen, wie Fering und Dreigröscher zu sehen. Die Erinnerung an Preußen, an den verlorenen Ordensstaat zwischen Nogat und Pregel, klingt vielfach in dieser Schatzkammer auf. »Glaube«, schrieb Immanuel Kant, »ist moralische Denkungsart.« Glaube kann auch Bewahrung bewirken; die Bewahrung eines sichtbar gebliebenen Erbes.

Die Bewahrung war in Wien möglich, in Mergentheim nicht. Trotz aller kulturellen Hochblüte der damaligen Zeit herrschte eine Untergangsstimmung nach dem Gebot und Diktat Napoleons. Was galt vor diesem Diktat die Musikalität eines in Bamberg konzertierenden E. T. A. Hoffmann? Was galt der Klang der Schicksalssinfonie eines Beethoven? Was scherte es den Sieger, daß Caspar David Friedrich gerade seinen »Mönch am Meer« malte und Goethe seine »Wahlverwandtschaften« schrieb? Die Macht des Siegers bestimmte das Geschehen und überdeckte mit mancher Gewalttat den Geist der Zeit. In einer Chronik aus dem Jahre 1810 steht zu lesen, was damals, trotz Hoffmann und Friedrich, trotz Goethe und Beethoven, in Mergentheim geschah:

Meßkelch mit Patene. 2. Viertel des 14. Jh.

Straußenei-Pokal. 1591.

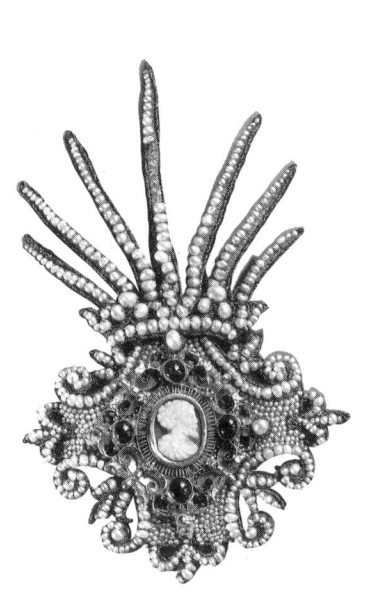

*Hutgesteck.
Mitte des 16. Jh.*

*Hochmeister Erzherzog Maximilian von Österreich (1590/95–1618).
Silberrelief. Um 1600.*

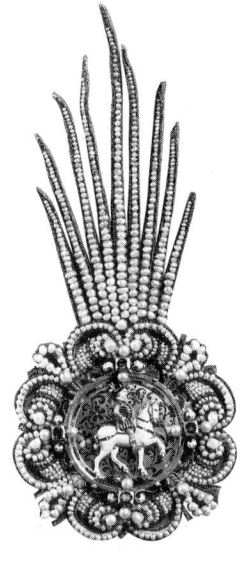

*Hutgesteck.
2. Hälfte des 16. Jh. oder 17. Jh.*

Schokoladegarnitur. 2. Drittel des 17. Jh.

Kommende Schlanders. Gemälde von 1740.

»Die Württembergische Regierung ließ auf dem Schloßhof die hochmeisterlichen Wappen verbrennen; das fürstliche Residenzschloß wurde völlig ausgeplündert und alles, was brauchbar war, Öfen, Lampen, Gemälde, nach Stuttgart weggeführt. Die Frevler schonten selbst die Ruhestätte der Toten nicht. Die Gebeine der Hochmeister wurden aus den kupfernen und bleiernen Särgen weggeworfen, um aus dem Metall Gewinn zu ziehen. Das schöne Denkmal des Deutschmeisters Walter von Kronberg, weil es aus Erz war, ward weggerissen und das Monument des Meisters Caspar von Stadion aufs schnödeste verstümmelt, indem man das darauf befindliche verhaßte Ordenskreuz herausmeißelte.«

Rückbesinnung in Preußen

In Preußen jedoch kam es zu einer ganz anderen Reaktion auf die Bedrohung, die Napoleon ausgelöst hatte. Wilhelm von Humboldt gründete in Berlin eine Universität, um dem geschundenen und gedemütigten Staat »an geistigen Kräften das wiederzugeben, was er an physischen Kräften im Kriege verloren hatte«. Joseph von Eichendorff schrieb sein großes mahnendes Wort:
»Die Zeit wird nun durch unermeßliches Unglück gewaltsam aufgerüttelt. Alle Nützlichkeitstheorien hatten sich als unnütz erwiesen, und die Ungewitter der Weltgeschicke gingen, um die dicke, dumpfe Luft zu reinigen, zündend und erweckend über das erschrockene Land.«
Der aus dem schlesischen Lubowitz stammende Dichter und Beamte sprach damit die Schändung der Marienburg in den Napoleonischen Kriegen an.
»Durch seine Lage wurde das Schloß unabwendbar in den Wirbel der verheerenden Ereignisse hineingerissen. Es erhielt schon im Februar 1807 die erste feindliche Besatzung und blieb bis nach Beendigung des Krieges von französischen Truppen besetzt. Die willkommene Einrichtung des hohen Schlosses wurde von ihnen auch zum Kriegsmagazin, das Mittelschloß aber als Lazarett benutzt und der Konventsremter insbesondere erst zur Werkstatt für Zimmerleute, dann in einen Pferdestall und zuletzt gleichfalls in ein Militärhospital verwandelt, während in den untersten Gewölben die Feldschmiede arbeiteten. Selbst die Schloßkirche und die Annenkapelle mußten zur Aufbewahrung der Lazarettbedürfnisse ausgeräumt werden.« (Eichendorff, Marienburg)
Doch das Wunder geschah. Das gedemütigte und politisch am Boden liegende Preußen rettete die geschändete Marienburg – durch den flammenden Aufruf eines Max von Schenkendorf, durch die Mahnung eines Joseph von Eichendorff, durch die Tat Friedrich Gillys und Karl Friedrich Schinkels und durch den Willen des Kronprinzen, des nachmaligen preußischen Königs Friedrich Wilhelm IV.
In Mergentheim standen die Dinge dagegen anders. Die Tauberfranken mußten sich wohl oder übel mit dem ungeliebten württembergischen Königshaus aussöhnen. Mit welchem Empfinden das geschah, das bezeugt ein Wort, mit dem ein evangelischer Pastor in hintergründiger Ironie im frühen 19. Jahrhundert eine seiner Predigten abgeschlossen haben soll.
»Sintemalen wir württembergisch geworden sind, was wir bei unseren schweren Sünden nicht besser verdient haben, schließen wir halt auch das Stuttgarter Königshaus in unser Gebet mit ein.«
Ganz vergessen ist das Werk, das Hermann von Salza gemeinsam mit den Hohenlohes in Mergentheim begann, jedoch nicht. Im Deutschordensschloß gibt es ein Ordensmuseum, das die Höhen und Tiefen der Ordensgeschichte veranschaulicht, und in der Stadt selbst tragen im Caritas-Krankenhaus und im »Pax«-Kur- und Erholungsheim Deutschordensschwestern den Gedanken an das Werk weiter, das Walter von Kronberg nach dem Verlust Preußens in der Tauberstadt neu belebte. In Wien schließlich schrieb Kaiser Franz II. im Februar 1826, nachdem er die Krone des Heiligen Römischen Reiches Deutscher Nation niedergelegt hatte und ebenso viele Jahre nach der Auflösung des Deutschen Ordens in Deutschland, an seinen Staatskanzler Metternich die in die Zukunft weisenden Sätze:
»Lieber Fürst Metternich! Sie kennen meine Gesinnung, welche auf die Erhaltung würdiger Institute abzielt. Dürfte es nicht vielleicht an der Zeit sein, den Orden ganz in seine vorige Existenz in den österreichischen Staaten herzustellen, das Meinem Hause übertragene Eigentum des Ordensvermögens dem Orden wieder mit dem Recht, sich einen Hoch- und Deutschmeister zu wählen und Ordensmitglieder aufzunehmen, zurückzustellen?«

Hoch- und Deutschmeister Erzherzog Maximilian Franz von Österreich (1780–1801) schlägt Erzherzog Carl Ludwig von Österreich zum Deutschordensritter. Wien 16. Juni 1801.

Rettung im Land der Habsburger

Residenz Wien

»Herzog von Österreich, es ist euch wohl ergangen und also glücklich, daß uns muß nach euch verlangen. Glaubt, daß wir euch, sobald ihr kommt, mit Ehren hoch empfangen. Wert seid ihr, daß die Glocken euch entgegenläuten, daß drängend schaut das Volk, als ob ein Wunder kommen sei.«
Mit diesem Vers empfing Walther von der Vogelweide Herzog Leopold von Österreich bei seiner Rückkehr von einem Kreuzzug. Jahrhunderte später kehrte auch der Deutsche Orden – nach einem beschwerlichen Kreuzzug durch Europa – nach Wien zurück. Eigentlich war das jedoch keine Rückkehr, sondern eine Heimkehr oder eine Flucht in eine Welt bewahrter Geborgenheit. Der Orden kam nicht wie der von einem Minnesänger gefeierte Herzog Leopold in die Donaustadt zurück; der Orden suchte vielmehr in Wien nach einem harten Kreuzzug, der ihm Ehre und Demütigung zugleich in Siebenbürgen, in Preußen und im Baltikum, in Deutschland und in vielen Teilen Europas eingetragen hatte, nichts als Ruhe und die Möglichkeit zur Besinnung für einen Neubeginn.

Neubeginn unter Schwierigkeiten

Man schrieb das Jahr 1809. Andreas Hofer schlug die Franzosen am Berg Isel. In dieser Zeit suchte auch der Deutsche Orden einen Weg zum Neubeginn.

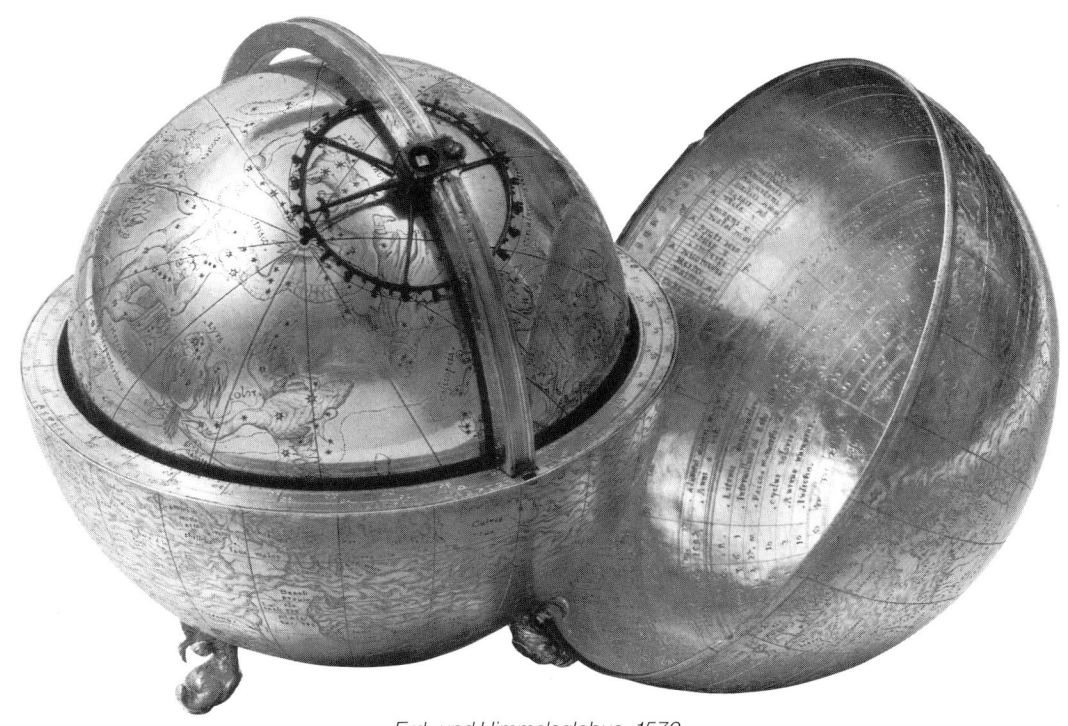

Erd- und Himmelsglobus. 1570.

Doch er tat sich, wie es bitter ausgedrückt wurde, »bei der Langsamkeit von Kaiser Franz II.«, schwer dabei. Hochmeister Anton Victor von Österreich konnte seine Ansprüche und Wünsche in der Wiener Hofburg kaum, um nicht zu sagen: gar nicht, durchsetzen. P. Marian Tumler stellte dazu fest: »Kaiser Franz II. war entschlossen, von den Rechten, die ihm der Preßburger Friedensvertrag gab, keinen Gebrauch zu machen.«
Dieser Friedensvertrag gestand dem Kaiser zu, das Vermögen des Ordens in den habsburgischen Gebieten zugunsten seiner Schatulle einzuziehen. Diese Regelung fand wohl nicht beim Kaiser, doch nach dem Eindruck P. Marian Tumlers bei Hofe manche Zustimmung.
»Die Berater des Kaisers, ausgenommen der Staatskanzler Fürst Metternich, wollten von einer Wiederherstellung des Ordens nichts wissen. Sie beriefen sich darauf, daß Franz II. rechtlich unanfechtbarer Eigentümer der Ordensgüter sei und nicht anders zu handeln brauche als die deutschen Fürsten. Metternich dagegen nahm den Standpunkt ein, es handle sich um einen geistlichen, nie

erloschenen und durch kein Staatsgesetz zu vernichtenden Orden.«
Eine Wende zeichnete sich erst ab, als Maximilian von Österreich-Este das Amt des Hochmeisters innehatte. Damit geriet die Herrschaft des Ordens in die Hand eines Mannes, der die Kraft besaß, nicht zu bitten, sondern zu fordern. Zu dieser Denkungsart gehörte auch untrennbar das Wissen um die umfassende, europaumspannende Aufgabe des Ordens. In der Schatzkammer der Wiener Residenz befindet sich ein kleiner, reichverzierter Globus, der die Nachfahren der Deutschordensritter an die Entdeckung des Nikolaus Kopernikus, des Domherrn zu Frauenburg am Frischen Haff erinnert. Zu diesem Erinnerungsvermögen gehört aber auch – ebenso untrennbar – das Wissen um den beständigen Hader zwischen den Mächten aus Nord und Süd. Reinhold Schneider empfand das nach: »Hohenzollern und Habsburger stehen einander gegenüber im Vorspiel des großen Streites, der Jahrhunderte füllt und die deutsche Geschichte vom Schauplatz der Welt zurückdrängt in die engen Grenzen des sinkenden Reiches. Eine Schuld fällt auf die Streitenden, die sie beide, wieder und wieder, und endlich zu vernichtender Rechenschaft einfordern wird.«

Besinnung und Aufbau

Lange Zeit ging es – jenseits aller innerdeutschen Machtpolitik, jenseits auch der Entscheidung, ob in Wien oder Berlin das Schicksal Gesamtdeutschlands geformt und bestimmt werden sollte, um die Frage der Zukunft des Deutschen Ordens. Kaiser Franz II., der zögernde Habsburger, rang sich am Ende zu der entscheidenden Frage an Metternich durch, ob nicht die Zeit gekommen wäre, »den Orden in den österreichischen Staaten ganz in seine vorherige Existenz herzustellen«. Der Staatskanzler verstand die Frage als Aufforderung und gab im März 1828 seinem Kaiser die eindeutige Antwort: »Da der Deutsche Ritterorden als geistlich moralische Person niemals erloschen war, sondern vielmehr als fortbestehend zu betrachten ist, würde die Reorganisation füglich aus sich selbst hervorzugehen haben. So wie bei der vorigen deutschen Reichsverfassung der römische Kaiser, so würde von nun an Seine Majestät der Kaiser von Österreich als Schutz- und Schirmherr des Deutschen Ordens zu betrachten sein.« So geschah es dann auch. Während die anderen Kongregationen dem Kultusministerum des Habsburger-Reiches unterstellt wurden, ging die Schirmherrschaft über den Deutschen Orden bewußt in die Hand des Ministeriums des Kaiserlichen Hauses über. Das war durchaus nicht nur eine Geste.
Der Orden erstarrte keineswegs in der Tradition. Während der langen Regierungszeit des Hochmeisters Maximilian von Österreich wurde zum Beispiel das Schwesterninstitut gegründet, übrigens unter leidenschaftlicher Teilnahme des Ordenspaters Peter Rigler. Der vielzitierte »Engel von Tirol« sagte damals: »Wie Gehorsam ohne Liebe, so ist Liebe ohne Gehorsam eitler Schein, ist Lüge, Tod. Gehorsam und Liebe sind so unzertrennlich verbunden und Eines, wie Leib und Seele Ein Mensch ist.« (Gassner, Rigler)
Althochmeister P. Ildefons Pauler würdigte diesen Ordensmann einmal so: »Jede Deutschordensschwester wird sich erinnern müssen, daß es ohne Pater Rigler nicht die geistige und geistliche Prägung im Schwesterninstitut gäbe. Sie wird sich die Frage stellen: Bin ich von diesem Geist genug geprägt? Pater Rigler hat eine Furche gezogen, die nicht übersehen werden kann.« (Gassner, Rigler)
Nicht übersehen werden kann aber auch der während des ganzen 19. Jahrhunderts bewahrte Gedanke der Erinnerung.
So steht im Chor der Deutschordenskirche in Wien – »beim Steffl ums Eck«, wie man zuweilen in der Donaustadt sagt – ein sinnfälliges Zeugnis dieser Erinnerung: Ein Altar, der ursprünglich aus Mecheln stammt, dann an die Trägerzunft in Danzig ging und unter dem Gewölbehimmel der Marienkirche – gar nicht weit ab von der Schönen Madonna – aufgestellt wurde. Nach der Aufhebung der Zünfte wurde dieser Flügelaltar, der einen bemerkenswert reichgeschnitzten Schrein besitzt, verkauft und kam schließlich 1835 – in der Ära des Hochmeisters Maximilian – an die Kirche der Deutschordensschwestern ins österreichisch-schlesische Troppau. Drei Jahrzehnte später gelangte dieser Danziger Altar dann nach Wien. Die barockisierte Kirche in der Hochmeister-

Frontalansicht des Deutschen Hauses mit der Ordenskirche in Wien. Stich von Salomon Kleiner, um 1722.

residenz ist mit vielen Schilden von Deutschordensbrüdern geschmückt und besitzt auch einige bemerkenswerte Grabmale, unter anderem die leere Gruft des Landkomturs Jobst, Truchseß von Wetzhausen. Eine leere Grabstätte ist das deshalb, weil sich der Landkomtur schon vor der Zeit sein letztes Haus richten ließ, aber er hatte die Rechnung ohne seinen Herrgott gemacht, denn vor seinem Tode wurde er von Wien nach Nürnberg versetzt und fand dort seine Ruhestatt. Am Epitaph für diesen Mann steht – im Original in lateinischer Sprache – zu lesen: »O Gott Trost – meine Hoffnung. Wanderer halte inne, besinne dich, lies vom Tod des gestrengen Herrn und sage ihm: Sei gegrüßt und lebe in Christus ewiglich.«

Aufbau des Schwesterninstituts

Während all dieser Zeit der Rückbesinnung in Wien begann das Schwesterninstitut aufzublühen, vor allem in Tirol. Dort hatte Hochmeister Maximilian den sogenannten Lanegghof zwischen Meran und Bozen als künftiges Mutterhaus für die Schwestern erworben, als »bescheidene Herberge«, wie es damals ausgedrückt wurde. P. Marian Tumler hinterließ über diese praktizierte Bescheidenheit der Deutschordensschwestern folgende Worte:
»Eine barmherzige Schwester braucht für sich wenig, wohnt in einem Winkel des Schlafzimmers, ißt sehr wenig, kleidet sich einfach, verzichtet auf allen Putz und alles Vergnügen, leistet der menschlichen Gesellschaft große Dienste, trägt unglaublich viel zur moralischen Besserung bei, begeistert die Gemüter für die Religion und steht mit liebevoller Pflege den Kranken und Armen bei.«

Die Sinnfälligkeit der Arbeit der Deutschordensschwestern bekräftigte Hochmeister Maximilian mit dem Hinweis:
»Ihre Zurückgezogenheit vermindert die große Zahl der Frauenspersonen, die in der Welt keine Stellung haben, so vielen Gefahren ausgesetzt sind, oder unglückliche Ehen schließen. Man braucht nur ein Haus für solche Schwestern zu eröffnen, so strömen gleich eine Menge Aspirantinnen herbei, und dies allein beweist schon, wie unumgänglich notwendig solche Institutshäuser sind.«

Auch Fürst Metternich beobachtete von Wien aus das Wirken der Schwestern in den Erblanden. Er schrieb an den Hochmeister:
»Der Kaiser gestattet auch, daß die im kommissionellen Wege zu pflegende Übergabe des Heidrich'schen Spitals in Troppau an die Schwestern des Deutschen Ordens zur Pflege, Verspeisung der Armen, zur Besorgung der Beleuchtung, Beheizung und Wäsche stattfinden könne.«

Eine besondere Aufwertung erfuhr das Schwesterninstitut durch Kaiser Ferdinand, der den Schwestern »aus besonderer Gnade« – wie es in einem im 19. Jahrhundert signierten Dekret heißt – den »Dispens vom Amortisations-Gesetz angedeihen ließ«. Diese Maßnahme führte nach Hochmeister Maximilian dazu, daß »alle Schwestern Unseres Ordens des Deutschen Hauses und Hospitals St. Mariens zu Jerusalem dem Meister des Ordens unmittelbar unterstehen, welcher allein deren oberste Leitung führt und sich hierzu eines Deutsch-Ordens-Geistlichen, welcher das Amt eines Hoch- und Deutschmeisterischen Rates bekleidet und über sämtliche Superioren der Schwesternhäuser gesetzt ist«. Diese Aufwertung führte dazu, daß die Schwestern während der Kriege, die um die Mitte des 19. Jahrhunderts im Herzen Europas aufflammten, an und hinter der Front bei der Pflege der Verwundeten vermehrt eingesetzt wurden – so im Jahre 1859, auch 1864 und schließlich im Jahr von Königgrätz, 1866. Als Zeugnis dieser dienenden Liebe kann der Brief eines verletzten Soldaten gelten: »Diese Schwestern opfern sich uns ganz, dienen uns Tag und Nacht, leisten uns die niedrigsten Dienste, so daß wir von eigenen Müttern und Schwestern nicht besser gepflegt werden könnten.«

Die Schwestern übernahmen in Tirol, in Österreichisch-Schlesien und nach der Gründung des Mutterhauses in Friesach neben der Krankenpflege vielerlei Aufgaben – in der Seelsorge, im Schuldienst und bei der Betreuung von Kindern.

Pflichttreue unter Schatten

Doch im späten 19. Jahrhundert trat – wie in dunkler Vorahnung kommender Ereignisse – die Pflege verletzter Soldaten in den Vordergrund der caritativen Aufgaben. Kaiser Franz Joseph schrieb damals an Hochmeister Erzherzog Wilhelm:

»Euer Liebden haben den Gedanken eines geregelten und umfassenden freiwilligen Sanitätsdienstes im Kriege angeregt, denselben eng angegliedert an die Heeresorganisation und sich hierdurch ein bleibendes Verdienst um Meine Armee erworben.«

Der Gedanke des freiwilligen Sanitätsdienstes mußte oder konnte nur allzubald nach Ausbruch des Ersten Weltkrieges in der Praxis erprobt werden. Er bewährte sich auf eindringliche Weise. So wurden allein in einem Spital an der Ostfront über 20 000 verwundete und kranke Soldaten betreut, die zuvor bei Sandomierz und Lublin, bei Kowel oder in Wolhynien stationiert gewesen waren. Die Einsatzfreude der Schwestern trug entscheidend zur Hebung der Stimmung bei.

Das war die Zeit – eine von fast unbegreiflicher Zuversicht erfüllte Zeit –, in der Hochmeister Erzherzog Eugen als Mitglied des Hauses Habsburg an der Front stand und dort Kaiser Franz Joseph hochleben ließ:

»Inmitten des tobenden Krieges, während unsere tapferen Armeen in treuer Waffenbrüderschaft mit unseren Bundesgenossen von einst im Nordosten siegreich in Feindesland vordringen,

Der letzte habsburgische Hoch- und Deutschmeister Erzherzog Eugen von Österreich (1894–1923).

im Südwesten einem heimtückischen Feinde die Stirne bieten, vollendet heute unser allergnädigster Kaiser und König sein 85. Lebensjahr. In Liebe und Dankbarkeit, in unerschütterlicher Treue und bester Zuversicht blicken wir am heutigen Tage zu unserem allerhöchsten Kriegsherrn empor, nach wie vor bereit, unser Alles, Blut und Leben einzusetzen, auf daß mit Gottes Hilfe nach endgültigem Siege dem teuren Vaterlande ein gedeihlicher, ehrenvoller Friede erblühe! Uns alle aber bewegt der tiefempfundene Wunsch, möge Gott, der Allmächtige, unseren geliebten Monarchen beschützen und noch lange erhalten zum Wohle seiner Völker, zum Ruhm seiner Wehrmacht!«

Ankündigung des Endes

Der Allmächtige erhörte jedoch den Wunsch des Hochmeisters nicht. Kaiser Franz Joseph starb schon 1916 und der glücklose Karl I. wurde Herr des dem Untergang geweihten Kaisertums. Der Deutsche Orden jedoch spürte zunächst von dem, was auf Europa, auf Österreich, auf die Habsburger und auf die Kongregation selbst zukommen sollte, nichts oder wenig. Ganz im Gegenteil: Erzherzog Eugen konnte, kurz nach dem Tod Kaiser Franz Josephs, noch die Gründung eines Mutterhauses der Ordensschwestern in Ormož an der Drau und die Eröffnung eines Priesterkonvents in Laibach erleben.

Dann aber brach das Unheil über das Haus Habsburg und den Deutschen Orden herein. Erzherzog Eugen, der letzte aus dem Kaiserhaus stammende Hochmeister, ging nach Basel ins Exil. Niemand konnte voraussehen, wie es weitergehen sollte, bis das Jahr 1923 herankam, in dem ein Dollar für nahezu viereinhalb Billionen Mark gehandelt wurde. In diesem Jahr unternahm Hitler in München seinen Marsch zur Feldherrnhalle und in Moskau wurd Kalinin das Amt des Vorsitzenden beim Obersten Rat der Sowjetunion angetragen –

Seit dem Generalkapitel von 1671 in der Ordensresidenz Mergentheim mußten alle Ritterkandidaten wie die Reichsstifte eine Ahnenprobe auf 16 Ahnen vorlegen.

Die Aufnahme in den Deutschen Orden erfolgte erst nach genauer Prüfung dieses Abstammungsnachweises. Ahnentafel des Hochmeisters Erzherzog Eugen von Österreich.

Investitur von Victor Graf Boos zu Waldeck als Ordensritter am 20. Juni 1911 in Innsbruck. Gemälde von T. Ethofer.

Hauptmann Deodatus Andrich, Oberst Georg Schericzer von Rény, Hochmeister Erzherzog Eugen,

Ritter und Würdenträger des Ordens,

Victor Graf Boos zu Waldeck, Komture des Ordens,

Träger der Ordenskleider und der Insignien,

jenem Kalinin, nach dem viele Jahre später die letzte preußische Residenz des Ordens, nämlich Königsberg, benannt wurde. Allzu wenige verstanden die Zeit – oder die Zeichen der Zeit. Erzherzog Eugen aber beherzigte sie. Die Siegermächte empfanden nach dem Ende des Ersten Weltkrieges den deutschen Orden als Teil – wenn nicht sogar als politisches Vermächtnis – des Hauses Habsburg. Sie deuteten Metternichs Wort, der Orden sei ein »geistlicher Orden«, falsch und einseitig. Hochmeister Erzherzog Eugen hatte keine andere Wahl; er mußte, wenn er den Orden retten wollte, sein hohes Amt niederlegen. Nach reiflichem Überlegen schrieb er 1923 eigenhändig die Erklärung:
»Aus erheblichen Ursachen begebe ich mich des Meistertums und der Ordensadministration und leiste gemäß der von mir beschworenen Wahlkapitulation dem versammelten Großkapitel Verzicht auf das Amt und die Würde eines Hoch- und Deutschmeisters unseres Ordens und auf alle damit verbundenen Vorzüge, Rechte und Nutzungen, getreu seinem Leitsatze: ›Magis prodesse quam praeesse!‹ Meinem Gelübde treu, verbleibe ich als Ordensbruder in Ihrer Mitte, von dem gleichen Wunsche beseelt, dem Orden auch weiterhin nach Kräften zu dienen.«
Erzherzog Eugen gab diese Erklärung erst ab, nachdem er dem Papst sein Ehrenwort gegeben hatte, daß sein Rücktritt zum Wohle und zur Rettung des Ordens unumgänglich sei.

Neue Gefahren

Das Amt Erzherzog Eugens übernahm nun – im Jahre 1923 – als erster Priesterhochmeister der aus Brünn stammende Propst von Troppau, P. Norbert Klein. Seine Amtszeit währte zehn Jahre und war erfüllt vom beständigen Kampf um die Erhaltung des Ordens. Feinde vielfältiger Art verleumdeten den Orden beim Heiligen Stuhl. P. Marian Tumler notierte über diese Schwierigkeiten die Sätze: »Die Angriffe waren derart, daß Papst Pius XI. seinen Vertrauensmann P. Hilarin Felder mit dem Auftrag schickte, den Orden aufzuheben, wenn die Anklagen richtig seien. P. Hilarin Felder konnte schon nach wenigen Monaten dem Heiligen Vater berichten, daß alle Anschuldigungen unrichtig seien.«
Es blieb jedoch nicht bei dem einen – entkräfteten – Angriff. 1929 wurde die Selbständigkeit des Ordens bezweifelt. Eine, wie sich bald herausstellte, gefälschte Papstbulle wies den Orden als Teil des Johanniterordens aus. Das Ende des Ordens war durch die Entdeckung dieser Fälschung wieder einmal verhindert –

densgeistlichkeit,   Delegation des Hofes,   Herold,   Standartenträger,   Musiker,   Türhüter,   Kammerdiener, Haushofmeister

verhindert übrigens in dem Jahr, in dem Gustav Stresemann starb, Leo Trotzki aus der Sowjetunion verwiesen wurde und Erich Maria Remarque sein Buch »Im Westen nichts Neues« vollendete. Die unmittelbare Gefahr für den Orden war zunächst gebannt, aber sie war nicht vorüber. Zwei Hochmeister bemühten sich, die geschichtsträchtige Verbindung über alle Verdächtigungen und Fatalitäten hinweg zu bewahren: Paul Heider und schließlich Robert Schälzky. Hochmeister Robert Schälzky erlebte das schlimmste Leid, das den Orden in seiner achthundertjährigen Geschichte traf: 1938 erfolgte die Auflösung im Sudetenland und bald darauf das Verbot des Ordens in Österreich. P. Marian Tumler faßte dieses Unglück in seiner Ordenschronik mit den kargen Worten zusammen:

»Mitten im Nauaufbau nach 1929 traf den Orden das Aufhebungsdekret der nationalsozialistischen Machthaber. Der Deutsche Orden wurde das erste Opfer der Nationalsozialisten unter allen Orden.« Schwierigkeiten mußte der Orden jedoch auch in Südtirol erdulden. So verbot in Sarnthein der Podestà, wie der faschistische Bürgermeister damals titutliert wurde, jede Tätigkeit der Ordensschwestern unter fadenscheinigen Vorwänden.

In Böhmen und im Sudetenland wieder überwachte ein eigens berufener sogenannter »Stillhalte-Kommissar« die Übereignung des Ordensvermögens an die Kommunen.

Die Auflösung war – auch das muß erwähnt werden – nicht immer von Äußerungen der Feindseligkeit begleitet. Deutschordensschwestern slowakischer Herkunft hatten damals zum Beispiel die Möglichkeit, im Lande östlich von Preßburg eine provisorische Ordensprovinz zu gründen und sich caritativer Arbeiten zu widmen.

Aber es gab auch negative Beispiele. So wurden, wie P. Marian Tumler es ausdrückte, in Jugoslawien, »wo der Nationalsozialismus rechtlich keine Handhabe gegen den Orden hatte, die Brüder diffamiert und sogar schwer verfolgt«. Das Ende des Deutschen Ordens schien gekommen, ein Ende unter dem Kreuz, über das Reinhold Schneider schrieb: »Das Kreuz ist das Siegel der Wahrheit; es ist keine Wahrheit, wo das Kreuz nicht ist, kein Vollzug der Wahrheit in der Geschichte, in der Christus ein einziges Mal die Wahrheit bis zur letzten tödlichen Folge vollzog; es ist auch keine Herrschaft, die nicht geprägt ist vom Kreuz und sich umwandelt in dessen Gestalt. Denn nur der Geopferte herrscht.«

Residenz Ellingen, Außenfassade. Ellingen war von 1216 bis 1796 im Besitz des Deutschen Ordens. Im Schloß (1708–1794) befindet sich ein Deutschordensmuseum.

Tischuhr. Silber, vergoldet, mit Türkisen und Granaten besetzt, 1640.

Hoffnung trotz Verbot

1938 und 1945 – Not und Neubeginn

»Die Türme stehn in Glut, die Kirch ist umgekehret.
Das Rathaus liegt im Graus, die Starken sind zerhaun,
die Jungfern sind geschänd't, und wo wir hin nur schaun,
ist Feuer, Pest und Tod, der Herz und Geist durchfähret.
Hier durch die Schanz und Stadt rinnt allzeit frisches Blut
als unser Ströme Flut
von Leichen fast verstopft, sich langsam fortgedrungen;
doch schweig ich noch von dem, was ärger als der Tod,
was grimmer denn die Pest und Glut und Hungersnot,
daß auch der Seelenschatz so vielen abgezwungen.«

»Tränen des Vaterlandes« nannte der Schlesier Andreas Gryphius diese Klage, mit der er das unnennbare Leid des Krieges schilderte. »Wir sind doch nunmehr ganz, ja, mehr denn ganz verheeret«, schrieb der Dichter. Doch seine Klage fing nicht nur die Not ein, die den Menschen während des Dreißigjährigen Krieges aufgebürdet wurde. Auch im 20. Jahrhundert standen »die Türme in Glut« und wurde »die Kirch umgekehret«. Verwilderung und Haß, Elend und Drangsal erschütterte die Länder, in denen der Deutsche Orden über die Spanne vieler Jahrhunderte hinweg gewirkt hatte. Bevor, wie es einmal ausgedrückt wurde, im alten Europa mit Beginn des Zweiten Weltkrieges die »Lichter der Menschlichkeit erloschen«, traf den Orden das Schicksal von Auflösung und Verbot.

»Alles verloren – nur die Ehre nicht«

P. Marian Tumler widmete diesem Leid folgende Sätze:
»Dieses Vorgehen der Nationalsozialisten fällt mit dem Phänomen zusammen, daß gerade in jener Zeit die Ritter des einstigen Ordenslandes Preußen eine fast mythologische Glorifizierung erfuhren, die weder der historischen Forschung noch dem Orden selbst angenehm sein konnte. Jene Glorifizierung haftet noch heute dem Orden an, so daß er von manchem Kritiker der Gegenwart als Vorläufer der Nationalsozialisten gesehen wird. Bei der Aufhebung des Ordens, dem Existenzverbot an die Priester und Schwestern sowie einer einmaligen Abfindungszahlung für die Ritter erscheint diese Kritik absurd. Die Erklärung liegt in einem Plan der nationalsozialistischen Führungsspitze, einen nationalen Verdienstorden mit dem Namen »Deutscher Orden« zu schaffen, der bewußt in der politisch oft beliebten Verfälschung der historischen Tatsachen den Ordenszweig in Preußen als Vehikel benutzt; die kleineren Apologeten des »Dritten Reichs« haben diese Doppelbödigkeit der Gedanken nicht erkannt und finden auch heute noch ab und an Nachfolger.«
1939, als der Orden aufgelöst und aufgehoben wurde, schrieb der aus Riga stammende Werner Bergengruen sein bewegendes Epos über den »Tod von Reval«. Darin findet sich auch der Vers:
»Dank Gott, daß die Erde steht, sich um sie die Sonne dreht.«
Sie drehte sich, aber für den Orden zuweilen in falscher Richtung, weil all die Gebote und Werte, die Zielrichtungen und Sinnfälligkeiten, die diese Gemeinschaft Jahrhunderte hindurch getragen hatten, verkehrt oder schlimmer noch verfälscht wurden. In einer Ordensregel, die während der Nazizeit mißgedeutet wurde, hieß es wörtlich:
»Da wir durch Gehorsam dahin zurückkehren, woher wir durch Ungehorsam weichen mußten, so sollen die Brüder in Demut gehorsam sein und in allen Dingen den eigenen Willen brechen. Man soll mit Zurechtweisungen, mit Rügen und mit strenger Buße den Trotzigen beugen, denn wenn man die Widerspenstigen schont, so wird die Kraft des Ordens geschwächt.«
Aber die Stellung des Ordens wurde ohnehin gemindert – freilich nicht durch Ungehorsam, sondern durch einen irrigen politischen Willen.

Bewahrung trotz Niedergang

Während dieser Zeit der Not, der Aufhebung, der Demütigung, ging viel Unwiderbringliches verloren. Nur weniges blieb über die Zeit hinweg bewahrt, in der Hochmeister Robert Schälzky das Los auferlegt war, seinen Orden von Verdächtigungen und Schuldzuweisungen freizuhalten.
Verloren ging damals durch Feuer St. Marien in Danzig. Bewahrt aber blieben

die Ordensstätten in Mergentheim, in der Stadt im Taubertal.
Zerstört wurde das Schloß in Königsberg, in dem die Hochmeister nach der Aufgabe der Marienburg residierten, bis Albrecht von Brandenburg das Kreuz mit der Herzogskrone vertauschte. Bewahrt aber blieb als steinernes Kleinod im Herzen Ostpreußens die Wallfahrtskirche Heiligelinde.
Noch viele Jahre nach dem Ende des Krieges ragte am Ufer der Nogat die zerschossene und brandzerfressene Ruine der Marienburg empor, die nach Joseph von Eichendorff Sinnbild und Denkmal zugleich war.
»Alles, was in den übrigen Burgen nur angedeutet und erstrebt wird, in dem Mittelschloß, der Blüte der ritterlichen Baukunst, kommt es zur vollkommenen, wunderbaren Erscheinung.
Tief aus dem Boden, von den übermächtigen Kellern, die wie der gebändigte Erdgeist sich unwillig beugend das Ganze tragen, erhebt sich der kühne Bau, Pfeiler auf Pfeiler, durch vier Geschosse, wie ein Münster, immer höher, leichter, schlanker, luftiger, bis in die lichten Sterngewölbe des obern Prachtgeschosses hinein, die das Ganze mehr überschweben als bedecken. Und wenn oben in Meisters Großem Remter die von dem einen Granitpfeiler strahlengleich sich aufschwingenden Gewölbegurte wie ein feuriges Heldengebet den Himmel zu stürmen scheinen, so gleicht der weite, zarte Dom des Konventsremters dem Himmel selbst in einer gedankenvollen Mondnacht, die hie und da milde segnend

Innenseite des Türflügels des Westportals der Elisabethkirche, Marburg.

den Boden berührt. Wahrlich, hier begreift man, was Schlegel meinte, als er einst in jugendlichem Übermut die Baukunst gefrorene Musik nannte.« (Eichendorff, Marienburg)
Bewahrt blieb, neben der Erinnerung an die Marienburg, in der Kommende Lengmoos in Südtirol ein gemalter Wandteppich, auf dem dargestellt ist, wie der Staufer Friedrich II. das Ordenswappen um den Reichsadler vermehrt. Der Kaiser steht unter einem Baldachin, umringt von stehenden und knienden Ordensrittern, darunter auch Hermann von Salza, dessen Wirken einmal mit dem Wort charakterisiert wurde: »Es ist von Anbeginn der Welt nicht gehört worden, daß ein Orden durch *einen* Mann solchen Aufschwung nahm.«

Erhaltung in Preußen

Bewahrt blieb neben dem gemalten Teppich in Lengmoos, der den Staufer, den Hochmeister und den Reichsadler als symbolische Einheit darstellt, die Elisabethkirche in Marburg mit dem Schrein der heiligen Elisabeth. Es ist vielleicht – zumindest im Reich der Symbolik – kein Zufall, daß in dieser der heiligen Elisabeth geweihten Deutschordenskirche in Marburg die Erben der Ritter noch im Tode Zuflucht fanden; geflüchtet aus der zerstörten Residenzstadt an der Havel, aus der Geborgenheit der ausgebrannten und später abgebrochenen Potsdamer Garnisonkirche, deren Glockenspiel »Üb' immer Treu und Redlichkeit« verdächtig an Mozarts Papageno-Arie »Ein Mädchen oder Weibchen wünscht Papageno sich« erinnert.
Reinhold Schneider philosophierte später über diese eigenwillige historische Beziehung:
»Es ist nicht unsere Sache, das Vergangene zu richten, sondern es zu verstehen und Größe, Leiden, Verschulden und Versagen, also den durchlebten unheilbaren Lebenswiderspruch zu ehren. Auch ist es das Wesen der Geschichte, daß in ihr Sendungen aufeinanderstoßen, die einander schneidend widersprechen; indem sie sich aufheben wollen, formen sich Schicksale, werden Willenskräfte zersplittert, Herzen überfordert; in allem kommt es darauf an, daß der Mensch wisse, was er soll, nicht, was er bewirkt. Unsere Melodie ist nicht der Todesjubel des Hohenfriedberger Marsches, aber der war eine

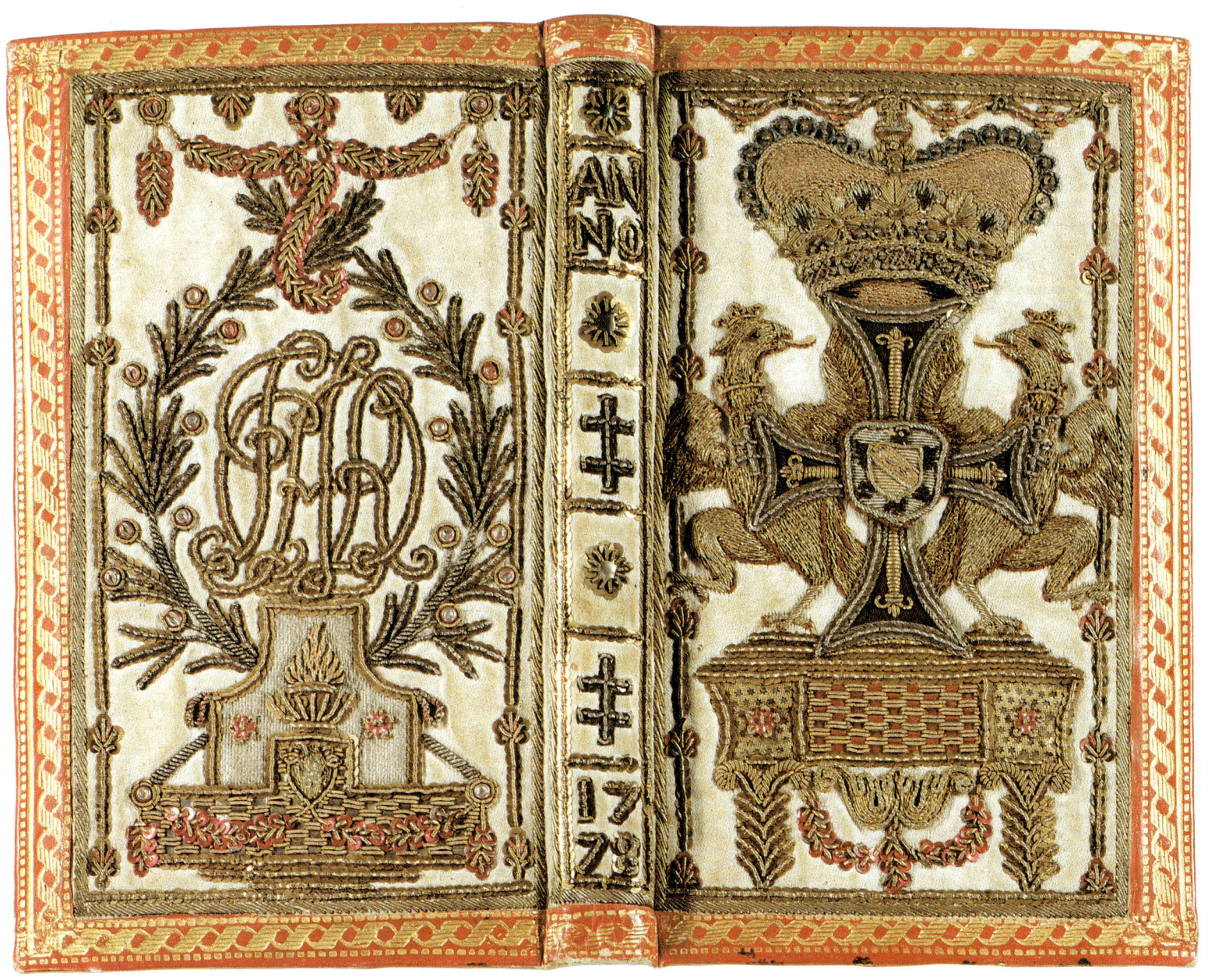

Schutzhülle des Breviers von Hochmeister Karl Alexander von Lothringen (1761–1780), 1778.

große Melodie: Adliger Totenmarsch, der auch den entmachteten Erben erhöht, wenn er seinem Sarge folgt.« (Schneider, Hohenzollern)

Not und Leid der Ordensmitglieder

Zu einem symbolischen Totenmarsch vor der Geschichte und in der Geschichte des Deutschen Ordens wurde auch das Leid, das die Mitglieder dieser Kongregation nach dem Kriegsende in den deutschen Ostgebieten erfuhren. In einem Bericht, den aus dem Osten geflüchtete Schwestern verfaßten, heißt es:
»Wer von den Brüdern und Schwestern in der Tschechoslowakei das Schreckensjahr 1945 miterlebt hat, wird es nie mehr vergessen. Nervenzermürbende Bombenanschläge, Not und Elend, dann der Einmarsch der Russen. Viele Orte in der Kriegszone mußten evakuiert werden. Auch die Schwesternhäuser und Spitäler wurden geräumt. Oft trafen sich zufällig irgendwo Schwestern verschiedener Niederlassungen, um die schweren Tage des Umsturzes abzuwarten. Sie hofften, doch wieder an den früheren Arbeitsplatz zurückkehren zu können. Das war wohl der Fall, aber unter welchen Umständen! Durch eine weiße Armbinde als Deutsche gekennzeichnet, sahen sie sich brutaler Gewalt ausgeliefert. Hochmeister Robert Schälzky und Provinzoberin Amata Grüner wurden wie viele Obere anderer religiöser Gemeinschaften eingekerkert. Die Ordensmitglieder deutscher Herkunft traf schließlich das bittere Los der Vertreibung aus ihrer Heimat. Völlig erschöpft von den Strapazen der Fluchtwirren kamen die Schwestern in Österreich und Süddeutschland an.« (Gruber, Deutschordensschwestern)

In einem anderen Bericht, den die Schwestern aus Böhmen schrieben, steht zu lesen:
»Traurig war auch das Schicksal der tschechischen Deutschordensschwestern, die 1945 im Sudetenland verblieben. In den ersten Jahren nach dem Krieg ließ ihnen die Regierung noch eine gewisse Freiheit. Sie durften sogar Ordensnachwuchs aufnehmen und die Krankenhäuser in Troppau, Freudenthal und Zwittau weiterführen. Für kurze Zeit lehrten sie auch noch in den Schulen, waren in der ambulanten Krankenpflege tätig und verrichteten viele andere Dienste, wo man sie beanspruchte. Als aber 1948 die Kommunisten die Macht im Staate übernahmen, begann der Leidensweg der Ordensleute. Die neue Regierung behielt sich das Recht vor, das Arbeitsfeld eines jeden Ordens zu bestimmen. 1950 beschlagnahmte das Unterrichtsministerium alle Ordensschulen. Da sich die Schwestern weigerten, sich politisch umschulen zu lassen, wurde ihnen das Erteilen von Unterricht verboten. Auch in den Krankenhäusern waren ihre Tage gezählt. Die kommunistischen Machthaber beeilten sich, Laienschwestern heranzuschulen, um die geistlichen Pflegeschwestern entlassen zu können. Nur in den Heimen für Schwachsinnige und Geisteskranke durften sie bleiben, weil diese Arbeit sonst niemand übernehmen wollte. Um sie von der Gesellschaft zu isolieren und jeden religiösen Einfluß auf das Volk zu unterbinden, verbannten die Kommunisten die Schwestern aus ihren eigenen Häusern und deportierten sie in ganz entlegene, schwer zugängliche Klöster in den Randgebieten des Landes. Dort wurden in den »Konzentrationsklöstern« Schwestern aus verschiedenen Ordensgemeinschaften zusammengewürfelt. Die alten Schwestern durften in ihrer Klosterwohnung bleiben, während die arbeitsfähigen in den Produktionsprozeß eingespannt wurden und in den staatlichen Fabriken und landwirtschaftlichen Konsortien arbeiten mußten. Wieviel Leid und Not verbarg sich hinter dieser Massendeportation und in den Zwangsarbeitslagern! Obwohl der Staat die Orden offiziell nicht verbot oder auflöste, war ihnen in Wirklichkeit doch alles genommen. Sie durften keine neuen Mitglieder aufnehmen und die Oberinnen wurden von ihrer Gemeinschaft isoliert, oft auch ins Gefängnis geschickt.« (Gruber, Deutschordensschwestern)

Aufbau unter Opfern

Vieles ging verloren – Troppau und Freudenthal und unzählige andere Niederlassungen des Deutschen Ordens. Doch es gab auch andere Zeichen. 1945 wurde in Bozen unter größten Schwierigkeiten und Opfern das Knabenseminar des Deutschen Ordens wieder aufgebaut. Nicht zufällig wohl schrieb Werner Bergengruen annähernd um die gleiche Zeit – fern von seiner Heimat

am Ostseestrand – die bewegenden Verse:
»Liebt doch Gott die leeren Hände,
und der Mangel ist Gewinn.
Immerdar enthüllt das Ende
sich als strahlender Gewinn.
Jeder Schmerz entläßt dich reicher,
preise die geweihte Not,
und aus nie geleertem Speicher
nährt dich das geheime Brot.«
Die Schwestern konnten sich – um bei diesem Bild zu bleiben – tatsächlich von dem »geheimen Brot« nähren. Den Brüdern dagegen war das nur bedingt möglich. P. Marian Tumler hatte dafür eine Begründung:
»Die Lage der Brüder war schwieriger. Das hauptsächlich deswegen, weil weiteste Volkskreise den Orden für erloschen hielten. Der raschen Beseitigung dieses Irrtums stand die kleine Zahl der Brüder und ihre durch die Flüchtlingsseelsorge bedingte Zerstreuung entgegen. Dieser Punkt konnte zudem leicht zur Entfremdung vom Orden führen. Um dem zu begegnen, wagten die Brüder schon im Jahre 1949 an den Bau eines Heimes, eines neuen Konvents in Darmstadt heranzugehen.«
P. Marian Tumler hat auch eine Erklärung für diesen von großem Opfermut getragenen Geist.
»Der von den Brüdern und Schwestern ererbte maximilianische Geist größter Opferbereitschaft schaffte ihnen Helfer und das Vertrauen der Einheimischen.«
Das war um so erstaunlicher, weil der Neubeginn des Ordens in Deutschland nach fast hundertfünfzigjähriger Unterbrechung wenig Anlaß zur Hoffnung bot.

In der Ordenschronik von P. Marian Tumler steht dazu zu lesen: »Der Anfang war wenig ermutigend, denn er mußte mit sechzehn Brüdern und 156 Schwestern gemacht werden, die als Heimatvertriebene bettelarm in eine schwer heimgesuchte neue Heimat kamen.« Doch die Hoffnungslosigkeit und Zukunftssorge wurde alsbald mit Mut und im besten Sinne mit Gottvertrauen überwunden.
»Die österreichische Regierung leitete die Rückstellung des entzogenen Vermögens sofort in die Wege. Zugleich galt es, Häuser, Kirchen und Güter nach den verheerenden Wirkungen des Krieges und des Raubbaues wiederherzustellen. Den Vorrang bei den Restaurierungen sollten die künstlerisch hochwertigen Kirchen zu Friesach und Wien haben.« (Gruber, Deutschordensschwestern)
Die Ordensbrüder in Südtirol begannen nach dem Kriegsende sofort mit dem Wiederaufbau. Ertragreiche Gründe wurden durch moderne Bewässerungsanlagen und Entsumpfungen verbessert und die Provinz dadurch in den Stand gesetzt, ihren Geldbedarf aus dem kleinen Grundbesitz zu decken. Bei Wien wieder fanden die geflüchteten und vertriebenen Schwestern aus dem Sudetenland Unterkunft und Arbeitsplätze in Gumpoldskirchen, wo der Orden bald nach dem Abzug der Russen ein Altersheim eröffnete. Weitere Arbeitsmöglichkeiten erhielten die Schwestern im Schottenstift, im Franziskanerkonvent und unter anderem auch im Krankenhaus zu Friesach.

Hochmeister Robert Schälzky (1936–1948).

Schlesische Schwestern wieder wurden in Passau aufgenommen, wo alsbald im ehemaligen Augustinerchorherrenstift St. Nikola ein Mutterhaus entstand, das bis heute mit seiner Leistung weit über die Grenzen Bayerns hinaus beispielgebend blieb.
Doch es gab auch Rückschläge, Vorwürfe und Verdächtigungen, die um so gefährlicher oder fataler für den Orden waren, weil sie sich nur bedingt entkräften ließen. P. Marian Tumler stellte dazu fest:
»Es sei auf einen speziellen Vorwurf hingewiesen. In der Geschichte und im

ganzen Gefüge des Deutschen Ordens – wurde behauptet – sei ein tiefer Zwiespalt zu erkennen. Ein Beweis für diese Behauptung wurde nicht erbracht. Solange dies nicht der Fall ist, muß der Vorwurf als einer der Gemeinplätze bezeichnet werden. Daß manches innerhalb des Ordens einen Zwiespalt zeigt, sei zugegeben. Das ist aber sicherlich nicht eine auf den Deutschen Orden beschränkte Erscheinung, sondern eine die ganze Menschheit durchziehende Wirklichkeit, über die St. Paulus einmal schreibt: ›Ich fühle ein anderes Gesetz in meinen Gliedern . . .‹«

Blick in die Zukunft

1948 – ein Jahr, nachdem der Deutsche Orden in Österreich in alle seine Rechte wiedereingesetzt wurde – übernahm P. Marian Tumler nach dem Tode des Hochmeisters Robert Schälzky das Amt des obersten Gebietigers im Orden. Der Südtiroler Tumler gehörte schon – bevor er Hochmeister wurde – zu den eigenwillig-einprägsamsten Erscheinungen des Ordens. Die später in Passau tätige Schwester Theophila Berka hinterließ einen Bericht über ihre erste Begegnung mit dem langjährigen Ordensoberhaupt in Wien.

»Die erste Begegnung mit Pater Marian war nicht vielversprechend, da wir kaum seinen tirolerischen Dialekt verstanden. Pater Marian hatte eine Wohnung auf der dritten Stiege des Deutschordens-Hauses in der Wiener Singerstraße. 1946 wurde Hochmeister Robert Schälzky von den Tschechen freigelassen und kam auf einem Lastauto nach Wien. Ein Teil der ehemaligen Landkomturwohnung war inzwischen frei geworden und wurde – freilich fast gänzlich unmöbliert – zur Hochmeisterwohnung umfunktioniert. War das ein armseliger Anfang! Eine Küche, zwei kleine und ein größeres Zimmer standen zur Verfügung. Nun zeigte sich das gütige, sorgende Herz Pater Marians. Was er an Einrichtungsgegenständen zu entbehren glaubte, wurde auf die zweite Stiege geschafft. Zunächst aber mußte sich Hochmeister Robert einleben. Seine durch mehrmonatige Haft zerstörte Gesundheit wurde durch zwei Krankenhausaufenthalte soweit gefestigt, daß er eine kurze Reise nach Passau zu den Heimatvertriebenen wagen konnte. Im Herbst 1947 entschloß er sich zu einer Visitationsreise nach Südtirol, die während der Nazizeit unmöglich war.« (Gruber, Deutschordensschwestern)

1948 übernahm P. Marian Tumler, der bis dahin nahezu das zurückgezogene Leben eines Gelehrten geführt hatte, das Amt des Hochmeisters. Seine große bewegende Tat war die Niederschrift der großen Chronik des Deutschen Ordens, ein Werk, das dieser Gemeinschaft manches Tor öffnete und viele Mißverständnisse zu beseitigen half. 1956 hatte der Hochmeister Gelegenheit, dies Werk Papst Pius XII. in einer Spezialaudienz zu übergeben.

»Der Heilige Vater schaute das Buch zuerst nur von außen an, lobte die vornehme Ausstattung, fragte aber dann: ›Ist das Buch nach wissenschaftlichen Grundsätzen geschrieben?‹ Auf die

Hochmeister Dr. Marian Tumler (1948–1970).

Antwort, die Wiener Akademie der Wissenschaften habe es schon 1938 publizieren wollen, sprach der Heilige Vater: ›Dann muß es mit der Gründlichkeit der deutschen Gelehrten verfaßt sein.‹« (Tumler, Der Deutsche Orden)

Nur zwei Jahre darauf verhalf P. Marian Tumler dem Deutschen Orden auch zu einer weithin beachteten politischen Profilierung. In Anwesenheit des österreichischen Bundeskanzlers Raab nahm er in der Kölner St.-Andreas-Kirche den damaligen deutschen Bundeskanzler Konrad Adenauer als Ehrenritter in den Deutschen Ordens auf.

Audienz des Hochmeisters Marian Tumler bei Papst Pius XII. (1939–1958).

Damit schloß sich der Kreis der Geschichte.

Konrad Adenauer, der Rheinländer aus Überzeugung, gehörte – bevor in Deutschland 1933 das Licht der Freiheit erlosch – mit dem Preußischen Ministerpräsidenten Otto Braun, dem Ostpreußen aus Überzeugung, dem Preußischen Staatsrat an. Beide verfochten das Ziel, das Erbe des Ordens und damit das Erbe der Macht, die das »schwarze Kreuz auf weißem Grund« zum Staatssymbol erhoben hatte, mit dem politischen Gedankengut der Demokratie zu erfüllen und dadurch überleben zu lassen. Beide scheiterten 1933. Die neue Macht – das »Gebrüll der Finsternis«, wie Reinhold Schneider es ausdrückte – verdrängte das Symbol. Die Nationalsozialisten versuchten auch, den Deutschen Orden zu beseitigen. Doch damit scheiterten sie. Der Deutsche Orden überlebte das Jahr 1933 und er überwand gleichfalls die Zäsur von 1945 ungeachtet aller Zeichen der Hoffnungslosigkeit.

Als P. Marian Tumler 1970 sein Amt als Hochmeister niederlegte, erfuhr er eine bewegende Ehrung bei der Inthronisation des neuen Hochmeisters P. Ildefons Pauler. Beide Hochmeister standen sich im Kapitelsaal der südtirolerischen Residenz in Lana gegenüber, der neue Hochmeister im Priestergewand, der Althochmeister im vollen Ornat. P. Marian Tumler legte Hut und Mantel, Kreuz und Ring ab. Die Insignien wurden – getreu nach dem Zeremoniell – dem neuen Hochmeister angelegt. Nach dem Gebet ging P. Ildefons Pauler auf den Althochmeister zu, nahm sich den Ring vom Finger und steckte ihn P. Marian Tumler mit den Worten auf: »Trage ihn bis zu deiner letzten Stunde.« Und so geschah es. Der letzte Fingerzeig Gottes, den P. Marian Tumler spürte, ist vielleicht der rührendste. Am 21. Oktober 1987 vollendete er das 100. Lebensjahr. Wenige Wochen später rief ihn Gott zu sich. Aber es schien so, als wollte der Herr über Leben und Tod diesem Manne doch die Gnade des 100. Geburtstages noch schenken, ehe er ihn in die Ewigkeit abrief.

Was P. Marian Tumler hinterließ, war viel und wies zugleich in die Zukunft. Zu seinem Erbe gehört etwa der Deutschherrenbund, dem der langjährige bayerische Staatsminister für Wirtschaft, Anton Jaumann, als Deutschherrenmeister vorstand. Die Verbindungen des Ordens mit Bayern sind bis heute ohnehin vielfältig.

Die Geschichte des Deutschen Ordens ist nicht zu Ende. Sie führt noch immer in die Zukunft, vielleicht freilich in Dimensionen, die Reinhold Schneider ahnungsvoll und visionär mit den Worten andeutete:

»Nach allem Ermessen wird Geschichte in Europa nie mehr sein, was sie war: Europa trat in das Stadium der reinen Passion und wird Geschichte nicht mehr bestimmen, sondern erdulden; es spielt nicht mehr im eigenen Stück, aber doch im fremden in Person. Was überhaupt bedeutet geschichtliche Existenz? Das Zeugnis des Lebens für die unzerbrechliche, aber einer jeden Gewalt ausgelieferten Freiheit des Geistes und Willens, die in der Seele, als deren Gestalt, behauptete Überlieferung, verhülltes Rittertum, das sein Kreuz nicht mehr auf dem Mantel, sondern am Fleisch und am Geiste trägt, verborgen-unverlierbarer Anteil am Königtum Jesu Christi, das diese Welt des versagenden Glaubens und siegend Unglaubens hält als vereinende Macht.«

Zukunft in Europa

Bayern, Südtirol, Italien, Jugoslawien

800 Jahre Deutscher Orden, das sind 800 Jahre Hingabe und Verpflichtung; 800 Jahre gelebtes Christentum mit allen Höhen und Tiefen, mit allen Enttäuschungen und Irrwegen, aber auch mit aller Sinnbildhaftigkeit. Der Orden fand, wie es im Mittelalter hieß, »in Christus die Erlösung von Erdenqual und Sündennot; ihm zu dienen, dem großen Herzog, der sich in nie gesehener Treue seiner Gefolgschaft hingegeben und schimpflichsten Tod um sie erlitten, war Pflicht der Ehre und ewiger Gewinn«. (Tumler, Ordenschronik)

Ganz ähnlich wertete P. Marian Tumler die Entstehung, die Bedeutung und die Aufgabenstellung der geistlichen Ritterorden und damit auch des Deutschen Ordens.

»Das Werden der geistlichen Ritterorden vollzieht sich still und bescheiden, unsicher tastend und probierend. Kreuzfahrer sind ihre Begründer, schwere Mängel des christlichen Staates im Orient die Hauptursache ihres Entstehens. Zwei Mängel schrien vor allem nach Abhilfe: Der Bedarf an Kämpfern und an ›Etappenwesen‹. Der christliche Staat im Orient hatte zum Schutz der langen, ständig bedrohten Grenzen durchschnittlich nicht mehr als dreitausend Streiter. Das, was wir heute Etappenwesen nennen: Vorsorge für Unterbringung und Versorgung der Kreuzfahrermassen, der Verwundeten und Maroden, fehlte ganz.«

Die achthundertjährige Geschichte – und Gegenwart – des Deutschen Ordens ist aber auch noch durch ein drittes Element geprägt: nicht allein durch Ehrgefühl und Pflichtbewußtsein, nicht nur durch christliche Besinnung, sondern auch durch eine sehr bewußt gepflegte Mittlerrolle zwischen Staat und Geistlichkeit. Das wird schon – und im besonderen Maße – in der Person Hermann von Salzas deutlich, der zwischen dem letzten großen Staufer, Friedrich II., und dem Papst allezeit das Band der Verständigung zu knüpfen und zu bewahren suchte. Nicht zufällig lud Papst Gregor IX. den weisen Hermann von Salza im Jahre 1237 in einem Brief mit den wohlabgewogenen Worten zu sich: »Wir gebieten Dir bei der Pflicht des Gehorsams in hohem Ernste, daß Du, so lieb Dir Gott und Unsere Huld sind, ohne Verzug zu uns kommest, um für die Ehre der Kirche und für des Reiches Frieden und Ruhe zu wirken.«

Der langjährige Deutschherrenkanzler Rolf Hanstein erklärte die über Jahrhunderte hinweg bewahrte Bedeutung des Ordens einmal mit dem Hinweis: »Wie die Menschen und Völker Europas seit 1190 schier unübersehbaren Wandlungen, Umwälzungen, guten und zweifelhaften Entwicklungen geistiger und technischer Art unterworfen waren, so hat auch der Orden Höhepunkte und Niederungen – letztere bis hart an seine Vernichtung – erfahren. Daß er im Zwanzigsten Jahrhundert und ausgerechnet nach dem alles in Frage stellenden Zweiten Weltkrieg einen entscheidenden neuen Impuls erhielt und insbesondere in seinem Ursprungsland Deutschland nach nahezu hundertfünfzigjähriger Verbannung wieder aufblühte, hat die Skeptiker und jenen großen Teil der Öffentlichkeit, für den der Deutsche Orden nur noch sagenumwobenen oder auch berüchtigten Erinnerungswert aus dem Geschichtsunterricht hatte, überrascht, wenn nicht gar verblüfft.« (Hanstein, Der Deutsche Orden)

Die Verblüffung kam freilich nicht von ungefähr, denn der Deutsche Orden bewahrte sich und Deutschland – wenn man will auch Europa – ein über den Geist und Ungeist mancher Jahrhunderte hinwegreichendes Maß des Ausgleichs und der politischen Bedeutung. Der Historiker Hansjoachim Koch stellte dazu fest:

»Das entscheidende, das dauerhafte Vermächtnis des Deutschen Ordensstaates blieb sein ökonomisches System, basierend auf einer weitgefächerten landwirtschaftlichen Produktion. Es war in Deutschland ohne Beispiel und blieb für Preußen jenes starke wirtschaftliche Fundament, das seinem Adel einen tiefgreifenden politischen Einfluß sicherte, zunächst im Königreiche selbst und später in ganz Deutschland.« (Koch, Geschichte Preußens)

Symbolik und Realität

Doch aller geschichtlicher Beharrungswille, vor allem die Bewahrung von Ehre und Pflichtbegriff, von wegweisender politischer Symbolik und wirtschaftlicher Realität, wollte – besonders nach 1945 – ertrotzt werden. Der Deutsche Orden

stand 1945 – ebenso wie Deutschland, Österreich und alle anderen Staaten Europas, die am Krieg beteiligt gewesen waren – wortwörtlich vor einem Trümmerhaufen. Der vor 800 Jahren gewonnene Zusammenhalt schien zerbrochen. Nicht wenige Kirchen und Klöster waren zerstört, nicht wenige in den Staaten Ost- und Südosteuropas waren verloren. Doch der Orden überstand diesen Tiefpunkt, der vielleicht größere Not brachte als die Auflösungsdekrete von 1938 und 1939. P. Marian Tumler erklärte viele Jahre nach der Überwindung von Elend, Heimatlosigkeit und Verlorenheit, mit welcher inneren Festigkeit der Orden wieder zu sich und zu seiner historischen Aufgabenstellung zurückfand:
»Alle Kapitulare waren sich einig, daß dem Orden ein höheres Ziel, und zwar missionarischen Charakters, im eigenen Volke gegeben werden müsse, freilich unter Beibehaltung der altehrwürdigen Seelsorgestationen, soweit solche noch bestanden. Alle waren aber auch überzeugt, daß man vorerst den Orden der Öffentlichkeit bekanntmachen und Fehlurteile über ihn beseitigen müsse.«
Das war jedoch – häufig – leichter gesagt als getan. In dem Buch von Erentraud Gruber, das der Tätigkeit der Deutschordensschwestern gewidmet ist, findet sich der das ganze Leid der Nachkriegszeit charakterisierende Hinweis:
»Bettelarm waren die Schwestern 1945 in Deutschland angekommen. Es brauchte Mut und einen starken Glauben an die Vorsehung Gottes, mit nichts neu zu beginnen.«

Der Mut zum Neubeginn schlug sich schon bald in der Wirksamkeit der drei Mutterhäuser Passau, Friesach und Lanegg nieder. Dort dienten die Schwestern getreu der Regel, die schon im 13. Jahrhundert besiegelt wurde.
»Sie sind in überfließender Liebe Empfänger der Gäste, der Pilger und der armen Leute. Sie dienen auch mit Herzensgüte und brennendem Geist den Kranken im Spital. Es gehören auch Priester zu ihnen, die eine würdige und nützliche Stelle einnehmen, die Gottesdienst halten und ihnen die Sakramente spenden.« (Gruber, Deutschordensschwestern)
Diese Aufgaben sind aber – nach 1945 – nicht immer erfüllbar, vor allem dort nicht, wo der Deutsche Orden wenig Möglichkeiten hat, den ihm verbundenen Schwestern und Brüdern zur Seite zu stehen.

Opfermut und Glaube

P. Marian Tumler notierte:
»In der ČSSR ist derzeit die Lage am ungünstigsten, wenn die Schwestern auch in einem ehemaligen Pfarrhaus sich einen Mittelpunkt einrichten konnten. Einzelne Schwestern sind in der Slowakei tätig und machen sich in kirchlichen Diensten nützlich.«
Doch all diese Tätigkeiten setzen – bis heute – einen unsäglichen Opfermut voraus, denn die Schwestern müssen meist in Fabriken arbeiten und können sich erst am Ende eines harten Arbeitstages der Aufgabe widmen, der sie ihr Leben geweiht haben. Nach Augenzeu-

genberichten legen sie auch in den Fabrikhallen ihr Ordenskleid nicht ab, auch nachdem 1950 die Verbindung mit dem Gesamtorden abriß oder aus politischen Beweggründen unterbunden wurde. Was die Schwestern dennoch unter diesen Bedingungen seither leisteten, steht in einem Bericht zu lesen, der in dem Buch von Erentraud Gruber abgedruckt ist:
»Sie wurden aus den Ordenshäusern in die Grenzgebiete ›verpflanzt‹. 1952 befinden sich zwanzig alte Schwestern mit achtzig aus anderen Kongregationen im Kloster der Marienschwestern in Jiřitín bei Warndorf im Kreise Rumburg. Drei Schwestern waren als Köchinnen in einem Konzentrationslager angestellt, einige arbeiteten in der Lungenheilstätte zu Chlumeč, die übrigen gingen in eine Fabrik nach Trautenau. Aus den spärlichen Berichten ist zu erfahren, daß je zwei Schwestern in Pardubitz und Beraun und eine Schwester in der Schuhfabrik Batja arbeiten.«
Erinnert diese Tätigkeit unter oft demütigenden Schwierigkeiten nicht an das Wort Eichendorffs, daß dem Orden durch die Vorsehung die Mission auferlegt war, eine Aufgabe, die damals und letztlich bis heute unvollendet blieb:
»Der Orden verstand die Mahnung und bezeugte durch die Tat, daß er sich noch nicht selbst säkularisiert hatte.«
Den Willen zur »Nicht-Säkularisierung« bezeugen auch die Ordensmitglieder in Jugoslawien. Sie mußten – nach 1945 – zunächst ganz verstreut leben und besaßen nicht eine einzige gemeinsame Sammlungsstätte.

Ordenshaus in Ljubljana, 1974.

»Erst 1961 konnten sie mit ihren Ersparnissen ein Haus in Ljutomer in Slowenien kaufen und dort die Voraussetzungen für ein Leben in der Gemeinschaft schaffen. Diese Niederlassung ist als Provinzhaus gedacht, mit dem Sitz der Provinzoberin. Das einige Jahre nach 1961 erworbene Haus in Ptuj, das gut ausgebaut wurde, soll die Kandidatinnen aufnehmen. Die Schwestern dürfen auf Nachwuchs hoffen, weil die Regierung den jungen Leuten den Ordenseintritt nicht mehr verwehrt.« (Gruber, Deutschordensschwestern)

Einiges ließ sich in Jugoslawien nach dem Ende des Krieges gut an, entschieden leichter als vergleichsweise in der Tschechoslowakei. Den Schwestern fehlen aber, wie P. Marian Tumler es darstellte, »die gemeinsamen Arbeitsstätten wie in anderen Provinzen. Doch können sie dem caritativen Wirken in Krankenhäusern, Altersheimen, in der Privatkrankenpflege und im Pfarrhaushalt sowie als Katechetinnen nachgehen.«

Es gibt darüber hinaus einen Konvent in Ljubljana – dem alten Laibach. Es gibt Niederlassungen – wenn auch bescheidener Art – in Ormož und in Središče an der Drau, in Kropa Metliha und in Celika. Diese beiden Niederlassungen können übrigens auf eine bis ins 13. Jahrhundert reichende Geschichte zurückblicken. Der Anfang, der Wiederanfang, dort und an anderen Stellen ist gemacht, unter Mühen und nach vielerlei Enttäuschungen. Aber das Werk scheint Zukunft zu haben.

Aufbau in Südtirol und in Österreich

In Südtirol begannen die Schwestern schon bald nach dem Ende des Krieges mit dem Aufbau. Sie »erbarmten sich«, getreu den Statuten ihres Ordens, »um der Liebe Christi willen«. Sie wirken seither in Lanegg, Lana, Völlan, Tscherns, St. Pankraz, Riffian bei Meran, St. Leonhard, Bozen, Unterinn am Ritten, Lengmoos, Kardaun und Eppan. Sie sind tätig in Altersheimen und Kindergärten, in Schulen und in vielfacher Weise auf anderen Gebieten der Caritas und der Seelsorge. Dieser Anfang und Wiederbeginn war nicht einfach. So war das Deutschhaus in Bozen durch einen Fliegerangriff von 1943 beschädigt. Auch das Spital und Schwesternhaus in Sarnthein zeigte Verwüstungen, die noch im April 1945 entstanden waren.

Entscheidendes Gewicht legten die Mitglieder des Ordens nach dem Ende des Krieges auf die Arbeit in der Seelsorge, gleichgültig, ob diese praktizierte Gläubigkeit nun in Siebeneich oder im Pfarramt Gargazon in der Kirche St. Johannes des Täufers ihren Ausdruck fand. Erleichtert wurde die Arbeit in Südtirol freilich auch dadurch, daß die Brüder und Schwestern im Konventshaus in Lana bis heute sozusagen eine bindende Mitte besitzen, einen geistigen Sammelpunkt, der vor allem durch die Gestalt des Hochmeisters Erzherzog Eugen beständig auf die große europäische Tradition des Ordens weist.

In Österreich wieder belebten zahlreiche aus der Tschechoslowakei ausgewiesene Schwestern den Neubeginn – vor allem in Friesach.

»Ende der fünfziger Jahre ließ der Orden das kleine, etwas veraltete Krankenhaus in Friesach modernisieren. Durch einen großen Zubau auf zweihundert Betten erweitert, konnte auch eine Unfallstation eröffnet werden.« (Gruber, Deutschordensschwestern)

Eine Fülle von Niederlassungen in Österreich – unter anderem in Wien – rufen mit dem Erscheinungsbild der dort tätigen Schwestern und Brüder den Orden vor den Augen der Öffentlichkeit in die Gegenwart. Was P. Marian Tumler 1945 befürchtet hatte, nämlich, daß der Orden nach dem Glauben vieler gar nicht mehr bestehe oder nur das Relikt einer überlebten Vergangenheit sei, erfüllte sich zum Segen dieser Gemeinschaft nicht. Der Orden überwand die Stunde der Gefahr und gab mit seinem Wirken in

Hochmeister Dr. Arnold Wieland zu Besuch im St.-Nikola-Kloster, Passau.

Küche des St.-Nikola-Klosters.

Amata Grüner jedoch sorgte durch klug geführte Verhandlungen für Abhilfe. Die Zahl der Gründungen und Niederlassungen, die in Bayern auf ihr Wirken zurückgehen, ist nahezu Legion. Dazu gehören der bischöfliche Gutshof Stelzhof und das Klerikat Bergfried bei Passau, die Niederlassungen in Perlesreuth, Tittling, Rinchnach, Zwiesel, Inderbach bei Landau, Margarethenberg bei Altötting, Schloß Teisbach bei Dingolfing, Eichstätt, Vilshofen und Alexandersbad bei Wunsiedel – um nur einige hervorzuheben.

Zur großen, man möchte meinen, zur mütterlichen Mitte wurde für die Schwestern in Bayern und weitgehend auch in ganz Süddeutschland das Mutterhaus in Passau im St.-Nikola-Kloster. Der Aufbau dieses geistlichen und caritativen

der Gegenwart ein gelebtes Kapitel europäischer Geschichte an künftige Generationen weiter. Das geschah nicht nur – unter Mühsal – in der Tschechoslowakei, unter einigen Schwierigkeiten in Jugoslawien, mit glücklicher Hand in Österreich und in Südtirol; das vollzog sich auch in Deutschland, vor allem im bayerischen Passau.

Aufbau in Bayern

Die vielfach aus Schlesien stammenden Schwestern »besorgten zunächst die Lagerküche, leiteten die Flüchtlingsschule und betreuten die kranken und alten Leute.« Selber Flüchtlinge, verstanden sie wohl am besten das Leid der Heimatlosen.

»Unter den armseligsten Verhältnissen mußten sie zusammengepfercht leben und arbeiten, bis die ungefähr 4 000 Flüchtlinge in einer notdürftig eingerichteten Kaserne untergebracht waren.« (Gruber, Deutschordensschwestern) Die damalige Provinzoberin Schwester

Geburtstagsfeier im St.-Nikola-Kloster.

Mittelpunktes ging bis heute stetig voran. 1953 wurde dort ein Altenheim gegründet, 1960 eine Fachakademie für Sozialpädagogik, 1965 ein Schulkindergarten und 1981 eine Akademie für Heilpädagogik.

Aber die große Bedeutung gerade dieser Gründungen besteht darin, daß der Orden mit seinem christlich-caritativen Wirken bewußt an die im Feldlager vor Akkon erprobten Taditionen anknüpft. Diese Leistung will in ihrer ganzen Bedeutung gewertet werden: Im Dezember 1945, während die Scharen der gedemütigten Flüchtlinge in das damals noch keineswegs als Wirtschaftswunderland gepriesene Westdeutschland strömten, wurde die Niederlassung in Rinchnach ins Leben gerufen. Nur wenige Monate später öffnete das Altenheim in Bad Alexandersbad seine Pforten. Andere Niederlassungen wurden später gegründet oder übernommen – wie das Fuggersche Stiftungsaltenheim in Blumenthal, wie das St.-Josefs-Heim in Tann oder das Säug-

lings- und Kinderheim St. Elisabeth in Windischeschenbach in der Oberpfalz. Der Orden blieb der Aufgabe, die er im Heiligen Land übernommen hatte, treu und er sah und sieht bis heute in seiner geistlichen Zielsetzung noch immer nach Europa und erfüllt damit die Worte, mit denen Leopold von Ranke das im besten Sinne völkerverbindende Wirken des Ordens nachempfand:
»Man muß das Prinzip der Gemeinschaft der abendländischen Christenheit als ein Ganzes im Auge behalten, wenn man die Geschichte jener Zeiten verstehen will. Kaisertum und Papstum, sonst so tief entzweit, wirkten bei der Stiftung des Ordenslandes zusammen, der Papst, der die Eroberungen der Ritter für das Eigentum St. Peters erklärte, schützte sie damit vor den Übergriffen der benachbarten geistlichen Mächte. Der Kaiser gab ihnen ein Recht zur Ausbreitung auf Grund der Theorie, daß die ganze Erde unter der Monarchie des Römischen Reiches stehe. Seltsame Ausdrücke, die doch nur soviel bedeuten, daß hier eine der gesamten abendländischen Welt angehörige und ihr wichtige Gründung vollzogen ward, gleich wichtig für die geistlichen und für die weltlichen Interessen.« (Ranke, Weltgeschichte)

Blick über Bayern hinaus

Die gelebte Tradition dieser abendländischen Gemeinschaft schlägt sich nicht nur in Bayern nieder. Ordensgründungen oder die Gründung von Niederlassungen finden sich auch als Sinnbild der Überlieferung in Bad Mergentheim. Das Caritas-Krankenhaus und das »Pax«-Kur- und Erholungsheim gelten durchaus als Anknüpfungspunkte an eine Zeit, in der dieser Orden Mergentheim als seine Mitte empfand. Doch auch in Wetter in der Diözese Fulda, in Darmstadt und vor allem in Frankfurt am Main faßte der Orden nach langer Verdrängung aus dem geistlichen Leben in Deutschland wieder Fuß. In Frankfurt-Sachsenhausen bezeugte er mit dem Neubau seiner Kommende die Daseinskraft in Deutschland. Diese Kommende ist kein bloßes Zeichen der Geschichte oder der Überlieferung, sie ist die Stätte geistiger Besinnung. Sie dient als Studentenheim und gleichzeitig als deutsche Residenz des Hochmeisters. Ende der siebziger Jahre wurde in Köln das Deutschordenswohnstift »Konrad Adenauer« gegründet, politisch und geschichtlich motiviert durch das Bekenntnis des damaligen Bundeskanzlers zum Deutschen Orden. Auch diese Ehrung kann nach den Worten des langjährigen Deutschherren-Kanzlers Rolf Hanstein als Sinnbild europäischer Zusammengehörigkeit gelten. Hanstein schrieb darüber:
»Zeitbedingtes und zeitgebundenes Geschehen der Vergangenheit unterliegt je nach Abstand und Einsicht wechselnder Beurteilung. Zweifel am Sinn der Kreuzzüge, an der mehr oder weniger gewaltsamen Christianisierung im Mittelalter und an machtpolitischen Erscheinungen der Kirche und ihrer Hilfsorgane stehen unserem rationalen Denken durchaus an. Nicht zu leugnen aber sind der Impuls, den die damalige christliche Welt mit der Kreuzzugsidee zunächst erhalten hat, und der ganz Europa erfassende Aufbruch. Fühlen wir uns heute berechtigt, in erster Linie die problematischen Folgen zu untersuchen, so sollte nicht vergessen sein, daß mit den Kreuzzügen zum letzten Mal Solidarität des christlichen Abendlandes praktiziert worden ist.«
Zeichen der Besinnung, der Wiederbesinnung oder der Solidarität des christlichen Abendlandes finden sich auch heute und noch dazu belebt, jenseits der deutschen Grenzen, unter anderem in Altenbiesen. Diese mittelalterliche Kommende umfaßt das Gebiet an Maas und Rhein und dient als Begegnungszentrum der Europäer. Das ist – um es bildhaft auszudrücken – wie ein Stück Gotik, das in die Gegenwart hinübergerettet wurde, ein Kapitel Geschichte, das alle Europäer angeht und anspricht.

Ballei Utrecht

Ein eigenwilliges Stück weiterlebender Ordensgeschichte findet sich auch im niederländischen Utrecht. Dort gibt es bis heute – freilich unter evangelischen Vorzeichen – die »Ridderlijke Duitsche Orde Balije van Untrecht«. Diese Gemeinschaft blickt auf eine vielhundertjährige Geschichte zurück. Das Amt des Obersten Gebietigers nimmt der König, also heute Königin Beatrix, wahr. In einer nach 1945 erschienenen Schrift, die dem evangelischen Zweig des Ordens in Holland gewidmet ist, heißt es:

»1814 hatte der letzte Landkomtur Baron Bentinck in einer Eingabe an den Prinzen von Oranien um Wiederherstellung des Ordens gebeten. Durch ein Gesetz stellte Wilhelm, der inzwischen den Titel eines Königs angenommen hatte, den ›Deutschen Orden, Ballei Utrecht‹ wieder her und übernahm das Protektorat über ihn.«

Die Riten und Regeln sind in diesem evangelischen Zweig ungewöhnlich streng. Schon die Bräuche bei der Aufnahmeprozedur bezeugen das.

»In den Orden können nur männliche holländische Edelleute protestantischen Bekenntnisses mit Nachweis von vier Ahnen aus mindestens zweihundertjährigem Ritter- oder Stiftsadel aufgenommen werden. Edel-Exspektanten – also Ordens-Anwärter – sind junge Edelleute unter einundzwanzig Jahren, die die geforderten Adels-Nachweise erbringen können. Nach der Vollendung des 21. Lebensjahres kann der Edel-Exspektant seine Aufnahme in den Orden als Ritter-Exspektant beantragen. Er hat den Nachweis einwandfreier Lebensführung und der Zugehörigkeit zu einer protestantisch-christlichen Kirchengemeinde zu erbringen. Die vom Ordenskapitel beschlossene Aufnahme bedarf königlicher Bestätigung. Ein Ritter-Exspektant kann nach Vollendung des 30. Lebensjahres mit königlicher Zustimmung als Kapitelritter in das Ordenskapitel berufen werden.«

Das ist nicht Geschichte, das ist europäische Gegenwart, die ein Vorbild der Gläubigkeit, der Demut und der Nächstenliebe sein kann. Hansjoachim Koch beschrieb dieses Vorbild. Nach seinem Eindruck waren die Mitglieder des Deutschen Ordens im Mittelalter – und auch später – Männer, »die sich einem gemeinsamen Herrn unterordneten. [...] Um es modern auszudrücken: Sie waren Aktivisten des geistlichen Wortes und des Schwertes, erkennbar in ihrer einheitlichen Kleidung, dem weißen Mantel und erkennbar auch in ihrem in Keuschheit, Gehorsam und Armut geübten Lebensstil.«

Dieser Lebensstil bleibt Vorbild, wo immer er heute geübt wird und sichtbar ist als Zeichen der Überlebenskraft eines achthundertjährigen Ordens – in Deutschland, vor allem in Bayern, in Österreich und in Südtirol, in Jugoslawien, unter mancher Demütigung in der Tschechoslowakei und unter dem Banner Martin Luthers in den Niederlanden.

Reinhold Schneider sah – wie er es umschrieb – in der »Verdichtung des Lebensgehalts« eine Gelegenheit für den Orden, aus der Vergangenheit in die Gegenwart hineinzuwirken und sich weiter zu behaupten.

»Zuletzt gilt immer die Frage: Was ein einzelner, was eine Gemeinschaft zu geben haben; und nach ihr wird die Dauer des Daseins bemessen. Die Mächtigkeit der Seele, des Willens zu dienen um Christi willen, war der Ursprung des Ordens; er mußte auch jetzt die Welt beschenken, wenn er bestehen wollte.«

Der Deutschherrenbund

Erinnerungen des Deutschherrenmeisters Anton Jaumann

Sie tragen den Mantel des Ordens, geschmückt mit dem schwarzen Kreuz auf weißem Grund. Weiße Mäntel tragen die Ehrenritter und schwarze Mäntel die Marianer – getreu nach der alten Überlieferung: »Cleider sulen sie tragen von geistlicher varwe.«

Diese Gewänder von »geistlicher varwe« tragen die weltlichen Mitglieder des Ordens, die der Gemeinschaft der »Brüder und Schwestern vom Deutschen Haus St. Mariens in Jerusalem« aus Neigung und Gläubigkeit, jedoch ohne Ablegung von Gelübden angehören. Diese Art der Mitgliedschaft gab es, wie Joseph von Eichendorff in seinem Werk über die Marienburg erläuterte, bereits im Mittelalter.

»Der Orden bestand aus Ritter-Laien-Brüdern und Geistlichen. Die letzteren wurden, wenn sie zwar die Weihe, aber noch kein bestimmtes Amt hatten, Pfaffenbrüder, die bereits angestellten Priesterbrüder genannt. Zwölf Ritterbrüder bildeten nach dem alten Gesetz des Ordens einen Konvent. Außerdem wurden auch weltliche, sogar verheiratete Männer als Halbbrüder in die Ordensverbindung aufgenommen. Ihr Vermögen verfiel nach ihrem Tode dem Ordensschatze.«

Diese Laienbrüder gibt es noch heute. Sie werden Familiaren genannt und sind unter dem Schirm des Deutschherrenbundes vereint. Der frühere bayerische Staatsminister für Wirtschaft, Anton Jaumann, hatte viele Jahre hindurch das Amt des Deutschherrenmeisters inne. Er war damit – um es etwas vereinfacht auszudrücken – der weltliche Partner des Hochmeisters. Anton Jaumann erklärt sein Bekenntnis zum Deutschen Orden mit dem Hinweis: »Der Deutsche Orden hat mir imponiert, weil er in historischer Zeit meines Erachtens Bindeglied zwischen Politik und religiösem Ordensleben war, und so wird er auch heute noch verstanden. Und dies Bindeglied zwischen öffentlichem Leben und der gebundenen Ordenszugehörigkeit, also dem geistlichen Leben in einer Gemeinschaft, zog mich an.«

Diese Gemeinschaft besitzt eine weit in die Vergangenheit zurückreichende Geschichte, die nach den Worten von P. Marian Tumler ihre Motivation bei den Templern und Johannitern fand.

»Diese hatten um jene Zeit bereits Ritter, nichtrittergebürtige Glaubenskämpfer, Kleriker, dienende Brüder oder Halbbrüder und Familiaren – das sind unter dem Gehorsam des Ordens lebende Weltleute.«

Das Ritual, dem sich diese Halbbrüder zu unterwerfen hatten, war freilich – verglichen mit den heutigen Ordensregeln – ungewöhnlich streng. Joseph von Eichendorff beschrieb diese strikten Vorschriften:

»Auch die Halbbrüder leisteten das dreifache Gelübde und trugen schwarze Kleider, durften aber nur ein halbes Kreuz anlegen und mußten ihre Bärte und das Haar neben den Ohren abscheren. Zu ihnen gehörten die dienenden Brüder, welche den Rittern für Sold oder auch ohne Sold – in caritate – dienten. Doch auch rittermäßige Männer dienten dem Orden als Halbbrüder mit den Waffen, und die Zahl dieser Halbbrüder mag, selbst außerhalb Preußens, nicht unbedeutend gewesen sein, da es für ehrenhaft gehalten wurde, sich in Preußen den Ritterschlag und das halbe Kreuz zu verdienen.« (Eichendorff, Marienburg)

Gründung und Wiedergründung des Familiareninstituts

Das ist Geschichte, ein wenig verklungen, aber nicht vergessen; nicht vergessen vor allem deshalb, weil lange nach

Anton Jaumann, der langjährige Vorsitzende des Deutschherrenbundes (1970–1988 Bayerischer Wirtschaftsminister).

Treffen von Familiaren der Ballei Deutschland und Schwestern am 2. September 1989 in Altshausen.

dem Erlöschen des Ordens in Preußen der Gedanke einer Bindung ehrenhaft ritterlicher weltlicher Menschen an den Deutschen Orden wieder belebt wurde. Diese neue Bindung erinnerte zugleich an die Anfänge des Ordens im Heiligen Land und damit an die caritative Tätigkeit der Ordensbrüder im Feldlager vor Akkon.

Dieses Familiareninstitut zerfiel jedoch – wie es in den Ordenschroniken ausgedrückt wird – in den Wirren zweier Weltkriege. Erst viele Jahre später, im Januar 1956, bekam der Orden – wie P. Marian Tumler es schilderte – den Anstoß, diese auch politisch weitreichende Tätigkeit wieder zu erneuern.

»Die mit fast divinatorischer Sicherheit von Papst Pius XII. gesprochenen Worte: ›Sie werden Helfer haben‹ – gaben dem Orden die Gewähr, daß er es wagen darf, sein Volk aufzurufen, ihm für das neue große Werk viele opferbereite Helfer beizustellen. Diese mit dem Orden treu verbundenen Männer werden als Ehrenritter oder als Marianer des Deutschen Ordens seiner Verdienste teilhaftig sein und sein Abzeichen tragen.« (Tumler, Ordenschronik)

In Deutschland ist der Deutschherrenbund das Bindeglied zwischen Ehrenrittern und Marianern und widmet sich auf vielerlei Weise seinem Werk, das der Fortführung der Ordenstradition dient. Zur bewahrten Tradition gehören auch die alten Ordensregeln.

»Da wir durch Gehorsam dahin zurückkehren, woher wir durch Ungehorsam weichen mußten, so sollen die Brüder in Demut gehorsam sein.«

Diese Regel und die mit ihr den Ordensbrüdern aufgebürdete Strenge ist Vergangenheit – unvergessene Vergangenheit freilich, weil der Orden ohne diese Vorschriften kaum die Gefährdungen, die im Heiligen Land, in Siebenbürgen, in Venetien, in Preußen und im Baltikum auf ihn einstürmten, überdauert hätte. Heute klingt die Regel, mit der die Familiaren des Ordens zu leben haben, anders, entschieden feinfühliger.

»Sie haben die großen Traditionen des Ordens zu pflegen und sind seinen Aufgaben verpflichtet: Dem Bekenntnis und der Verbreitung des Glaubens und einer christlichen Gesinnung im privaten und öffentlichen Leben, der Treue zur römischen Kirche und der Bestätigung christlicher Nächstenliebe.«

Anton Jaumann, der viele Jahre die Geschicke des Deutschherrenbundes prägte, stellt dazu fest:

»Über zehn Jahre war ich Deutschherrenmeister. Der Deutschherrenmeister ist gewissermaßen der erste Mann in der Ballei Deutschland. Der Deutsche Orden hat natürlich verschiedene Balleien. Aber der Deutsche Orden besitzt in Deutschland selbst eine gewisse Eigenstellung. Insoweit läßt sich auch die bayerische Geschichte auf verschiedene Aktivitäten des Deutschen Ordens zurückführen. Wir haben verschiedene Komtureien, vor allen Dingen in Franken. Mittelfranken ist wohl so etwas wie das Zentrum Deutschlands gewesen. Auch heute noch ist dort sehr viel von der früheren Ordenszugehörigkeit zu spüren.«

Familiaren als Weltchristen

Die Familiaren sind – vereinfacht ausgedrückt – Gläubige, die sich mit ihrem Werk und mit ihrer Haltung zur Geschichte und Gegenwart des Ordens bekennen. In dem Buch der Deutschordensschwester Erentraud Gruber ist diese Aufgabenstellung auch konkret beschrieben:
»Im Zuge der Erneuerung des Deutschen Ordens lag auch die Wiederbelebung des Instituts der Marianer. Die Aufwertung des katholischen Laienapostolates in den Dreißiger Jahren ermunterte den Orden, die Basis seines Wirkens durch Zusammenarbeit mit Weltchristen zu erweitern. Schon in den ersten Zeiten seines Bestehens hatte er ihm wohlgesinnte Christen zur Mitarbeit gewonnen. Diese Freunde und Wohltäter des Deutschen Ordens nannte man Marianer oder Familiaren. Als Weltchristen stehen die Marianer des Deutschen Ordens an ihrem Arbeitsplatz mitten im öffentlichen Leben. Ihr Einsatz für das Reich Gottes in den vielfältigen Formen verbindet sich mit den Zielsetzungen des Ordens, dem Dienst am Menschen im Sinne christlicher Liebestätigkeit. So wird der Orden überall dort präsent, wo sie nach der Devise handeln: ›Ordo Teutonicus humanite‹ – einem Leitspruch, den das Familiarenkreuz von 1871 trug.« (Gruber, Deutschordensschwestern)
An einer anderen Stelle dieses Buches wird die Aufgabenstellung der Familiaren noch um eine Nuance deutlicher dargestellt. Dort heißt es wörtlich:
»Ein kleiner Kreis von Familiaren, gefördert von dem Kardinalprotektor Josef Wendel, hat 1957 in Deutschland den Verein Deutschherrenbund gegründet, als ›Verein der Freunde und Förderer des Deutschen Ordens St. Mariens zu Jerusalem‹. Sein Ziel ist, Dienst am Mitmenschen gemäß den Regeln des Deutschen Ordens und im Einvernehmen und nach den Weisungen des Hochmeisters. Er soll aus Familiaren und Nichtfamiliaren bestehen. Die Mitglieder des Vereins müssen empfindliche Opfer für das Wirken desselben auf sich nehmen.«
Diese Opferbereitschaft der Familiaren zeigte sich auch schon im Mittelalter. Sie hat damit durchaus eine große Tradition. P. Marian Tumler bewies das in seiner Chronik:
»Zeugnis dafür geben die Schenkungen des Marmorbildners Konstanstin und des Bildschnitzers Robert, die sich im Jahre 1202 als Familiaren dem Orden weihten und ihm ihr ganzes Besitztum zubrachten sowie die Bestätigung der Schenkung vom Jahre 1197 durch die Vormünder des jungen Königs, des späteren Kaisers Friedrich II. Sie verliehen der Kommende im Jahre 1206 auch das Recht des abgabenfreien Fischfanges mit einer Barke in den Gewässern von Palermo. Wenig später übertrugen sie dem Orden alle Untertanen eines Landgutes. Das Ordenshaus erhielt darüberhinaus einen Teil der Stadtmauer von Palermo.«
Der »Deutsche Ritterorden« besaß nach den Worten Joseph von Eichendorffs »für Deutschland bei weitem das wichtigste Interesse«, weil er »uns landsmännisch angehört«.

Deutsch und europäisch zugleich

Doch der Orden wirkt auch – in Geschichte und Gegenwart – weit über den deutschsprachigen Bereich hinaus nach Europa hinein. Schließlich aber – und das macht den Orden besonders bedeutungsvoll – öffnet sich diese Gemeinschaft auch weltlichen Christen. P. Marian Tumler unterstrich diese Haltung einmal mit dem Hinweis:
»Als eine der bedeutsamen Entwicklungen muß das menschliche und institutionale Zusammenwachsen der Familiaren untereinander und mit den geistlichen Confratres erwähnt werden. Die Selbstverwaltung beider Stände und die Verflechtung der im Mittelpunkt stehenden Deutschordenspriesterschaft mit dem weltlichen Zweig des Deutschen Ordens

Generalkapitel von 1988 in Lana.

in den Balleispitzen können als zukunftsweisendes Beispiel für eine moderne Kooperation in der Kirche gelten.«
Der langjährige Deutschherrenmeister Anton Jaumann gestaltete nach der Approbation des Familiareninstituts durch Papst Paul VI. diese Sinngebung des Deutschherrenbundes mit.
»Das vielgewichtige Element ist heute natürlich nicht allein die Geschichte, sondern die Gegenwart des Ordens. Jedes Mitglied muß sein Vermögen, einen Teil des Vermögens, dem Orden geben. Der Deutsche Orden verwendet es für Altenheime, für Kindergärten und dergleichen. Außer seiner sozialen Tätigkeit wirkt der Orden, in aller Stille, würde ich sagen, im Sinne all derer, die sich zu ihm bekennen so, daß man mit Sicherheit das Empfinden hat, ein christliches Leben zu führen.«
»Der Deutsche Orden kennt«, wie P. Marian Tumler notierte, »heute nur noch Priester, Schwestern, Laienbrüder und Familiaren.« Diese Gemeinschaft ermöglicht ein vorbildliches Zusammenwirken geistlicher und weltlicher Kräfte bei der gesellschaftlichen, sozialen und geistig-kulturellen Erneuerung des Christentums. Der 1987 verstorbene damalige Alt-Hochmeister P. Marian Tumler stellte dazu weiter fest:
»Wie die Menschen und Völker Europas seit 1190 schier unübersehbaren Wandlungen, guten und zweifelhaften Entwicklungen geistiger und technischer Art unterworfen waren, so hat auch der Orden Höhepunkte und Niederungen — letztere bis hart an seine Vernichtung — erfahren.«

Daß der Orden dieses oft herbe Wechselbad der Geschichte überlebte und überstand, ist wohl überwiegend dem Mut und der Klugheit der Hochmeister vor allem in der von Kriegen gekennzeichneten Ära des 20. Jahrhunderts zu danken. Daher zählt in diesem Sinne vor allem P. Marian Tumler zu den großen Rettern und Bewahrern des Ordens. Staatsminister a. D. Anton Jaumann begegnete in seiner Eigenschaft als Deutschherrenmeister diesem Ordensoberen häufig.
»Mit dem Hochmeister Marian Tumler verbindet mich natürlich sehr viel. Er war ein interessanter Mann, ein gescheiter Mann, und er hat vor allem eines erkannt, daß die dritte Gruppe, die Laien im Deutschen Orden, stark herangezogen werden können bei der Frage der Mitfinanzierung. Tumler war so gescheit, daß er den Orden sozusagen auf drei Beine stellte, auf die Männerseite, die Frauenseite und die Laienseite. Die drei Teile hat er gleich stark neben sich gestellt und auf diese Weise entstand ein sehr moderner Orden. Das war eine weite Voraussicht. Er hat damit vor allem auf lange Sicht eine solide Finanzierungsgrundlage für den Orden erreicht. Wir finanzieren durch unsere Beiträge ja den Orden und zahlen — je nachdem — weniger oder mehr. Aber es gibt auch Familiaren, die einen ganz gehörigen Teil des Vermögens jährlich als Beitrag dem Deutschen Orden übergeben. Daß das möglich ist, hat Marian Tumler bewirkt.«

Geschichte und Zukunft

Dieses Werk — oder diese Hinterlassenschaft des Hochmeisters P. Marian Tumler führt den nun achthundertjährigen Orden als moderne Gemeinschaft in die Zukunft — und die Familiaren sind ein unverzichtbarer Teil dieser Ordensgemeinschaft. Nicht zufällig stellte P. Marian Tumler dazu fest:
»Die Familiaren führen natürlich kein gemeinsames Leben. Trotzdem haben sich einige Zentren herausgebildet: Für Deutschland die alte Ordens-Kommende Frankfurt-Sachsenhausen, für Österreich das Deutsche Haus in Wien, in Südtirol der Brüderkonvent Lana und in Rom die Procura in der Via Nomentana, für die belgische Komturei besteht schließlich noch die ehemalige Landkommende Altenbiesen. In Köln-Brück wieder wurde das als Gemeinschaftsaufgabe der dortigen Familiaren betrachtete Deutschordens-Wohnstift ›Konrad Adenauer‹ als Seniorenzentrum mit Alten- und Pflegeheim eingeweiht, das von Schwestern der deutschen und der italienischen Provinz gemeinsam geführt wird.«
In der Rückschau auf seine Tätigkeit als Deutschherrenmeister sieht Anton Jaumann in dieser Entwicklung einen Beweis für die wohlgelungene Bewahrung eines unverlierbaren historischen Erbes.
»Ich war zehn Jahre Deutschherrenmeister. In dieser Zeit habe ich neben vielen unbedeutenden Dingen natürlich auch ein vielfältiges geistiges Erleben gehabt, vor allen Dingen die weitreichende histo-

Deutschordenskonvent Lana in Südtirol.

risch motivierte Tätigkeit, die Suche nach der geistigen historischen Heimat auf der einen Seite und auf der anderen Seite das menschliche Erleben in dieser Gemeinschaft, das ja nichts mehr zu tun hat mit der Geschichte, weil die Geschichte gewissermaßen nur den Hintergrund bildet. Im Vordergrund steht das Ordensleben eines katholischen Ordens. Wenn man weiß, daß die Zeichen der Nationalität, der deutschen Nationalität, vom Deutschen Orden stammen, etwa der Bundesadler und viele andere Dinge, dann wird sofort deutlich, wie stark diese Gemeinschaft über Preußen hinaus nach Gesamt-Deutschand hineingewirkt hat und immer noch wirksam ist.«

Diese Bindung ist auch im besten Sinne wirksam für die Ehrenritter des Deutschen Ordens, die bei der Investitur den weißen Mantel und das Halskreuz bekommen. Unabdingbare Voraussetzung für die Aufnahme als Ehrenritter sind nach den Regeln »das Römisch-Katholische Glaubensbekenntnis, die treue Erfüllung der religiösen Pflichten, ein guter Ruf und einwandfreier Lebenswandel. Der Aufzunehmende soll durch seine Stellung im öffentlichen Leben, durch seine Leistungen und Fähigkeiten und durch seine ehrliche Bereitschaft zur Mitarbeit die Gewähr bieten, daß er die Aufgaben des Ordens, insbesondere seine Aufgaben caritativer Art, wirksam fördern kann.«

Bedeutende Ehrenritter waren im alten Österreich Fürst Auersperg, Prinz Lobkowitz und auch die Grafen Czernin und Harrach. Zu den bedeutenden Ehren-

Investitur von Fürst Franz Josef von Liechtenstein (1906–1989) zum Ehrenritter am 1. Dezember 1957.

rittern von europäischem Rang zählten Franz Joseph Fürst von Liechtenstein und Konrad Adenauer. Mit viel politisch-historischem Geschick bezog auch eine Marianer-Investitur im Jahre 1983 in Innsbruck – die erste nach dem Tode von Hochmeister Erzherzog Eugen – geschichtliche Zusammenhänge in die Feier mit ein. Durch einen kurzen Hinweis auf die Herzogin von Tirol stand ohne große Gesten das Bild eines intakten Gesamttirols vor aller Augen. Der Tiroler Familiare Franz-Heinz von Hye schrieb dazu 1983 in der Zeitschrift »Deutscher Orden«:

»Als die verwitwete Landesfürstin Margarethe mit dem späteren Beinamen ›die Maultasche‹ nach dem überraschenden Tod ihres Sohnes Meinhard im Jänner 1363 sich dazu entschloß, ihr Land an die Herzöge von Österreich zu vermachen, war es der damalige Landkomtur des Deutschen Ordens zu Bozen, Egon Graf von Tübingen, der die Übergabsurkunde an erster Stelle vor allen übrigen ›Lanthherren und Ratgeben‹ unmittelbar nach der Landesfürstin selbst mitbesiegelt hat.«

Daß sich die »Maultasche« nach dem Verzicht auf ihre Herzogswürde auf die Fraueninsel im Chiemsee zurückzog und dort auch starb, ist ein Kapitel tirolerisch-bayerischer Geschichte.

Die Innsbrucker Investitur von 1983 beinhaltete neben dem Hinweis auf die Vergangenheit noch eine weitere Besonderheit. Sie wurde auf bemerkenswerte Art musikalisch bereichert. So erklang unter anderem eine Melodie von Richard Strauß, die der Komponist mit dem Titel »Feierlicher Einzug für Bläserchor und Orgel« versehen hatte. Doch damit nicht genug: Zum Zeichen einer ausgeprägten ökumenischen Gesinnung wurden nach der Investitur auch russische Choräle angestimmt. Damit sollte vielleicht gleichzeitig bezeugt werden, daß der Blick des Ordens weit über den deutschsprachigen Bereich hinausgeht.

Europäer der Gegenwart und der Vergangenheit

Familiaren des Deutschen Ordens gibt es – bis heute – keineswegs nur in Österreich und in Deutschland. Es gibt sie auch in Belgien, Liechtenstein, Italien, der Schweiz, Frankreich, den Vereinigten Staaten, Brasilien und Griechenland. Zu den Familiaren der Ballei Deutschland gehörte auch der unvergessene bayerische Ministerpräsident Franz Josef Strauß.
Es geht dem Orden – den Brüdern und Schwestern und den Familiaren – neben vielfältigen Aufgaben auch um die Bewältigung der allzu häufig mißgedeuteten Geschichte des Ordens. P. Marian Tumler schrieb darüber einmal:
»Irrig und abwegig wäre es, den Deutschen Orden heute noch, Jahrhunderte nach der Auflösung des Deutschordensstaates jenseits der Weichsel, mit irgendeiner Osteuropa-Politik oder auch nur einer politischen Interessen-

Investitur von Konrad Adenauer (1876–1967, Bundeskanzler 1949–1963) zum Ehrenritter am 10. März 1958.

wahrnehmung in Verbindung bringen zu wollen. Wer solche Behauptungen oder Mutmaßungen aufstellt, ist entweder einer politischen Täuschung oder einem Mißverständnis mangels geschichtlicher Kenntnisse zum Opfer gefallen, wenn er nicht selbst eine Irreführung der Öffentlichkeit beabsichtigt.«
Auch Anton Jaumann hält eine Klärung der geschichtlichen Zusammenhänge für unverzichtbar:
»Gewichtig ist eine Sache, die vielleicht von einer gewissen Aktualität ist, das ist die historische Arbeit, der Großen Historischen Kommission, die aus Polen, polnischen Wissenschaftlern, die in Polen sind und aus Wissenschaftlern, die in Deutschland sind, gemeinsam zusammengesetzt ist und mit den mehr oder minder großen Märchen über die Untaten des Deutschen Ordens im polnischen Gebiet, im Gebiet der Pruzzen ein bißchen aufräumen soll. Wir können nicht annehmen, daß – wenn solche Märchen erzählt werden über die Grausamkeiten des Deutschen Ordens – daß dann auf Dauer gesehen die Geschichte einfach darüber hinweggeht. Das kommt dann nämlich immer wieder. Aus diesem Grunde habe ich damals gesagt: Wir müssen es versuchen, diesen Teil der deutschen Geschichte zwischen Deutschland und Polen irgendwie ins Reine zu bringen.«

JOANNES PP. XXIII

Dilecte Fili Noster,

salutem et Apostolicam Benedictionem

Ortu nobilis, factis magnificis, optimeque de catholica meritis religione est praedicandus Ordo Teutonicus Fratrum Sanctae Mariae in Jerusalem, principem Vindobonae in Austria sedem habens. Cum igitur paterna benevolentia diligimus atque, destitutus cum sit Patrono propter obitum Josephi Card. Wendel bo. rec. in alius fidem Purpurati Patris tradere volumus. Hoc vero munus Tibi, Dilecte Fili Noster, esse demandandum censemus, cum certa Nos teneat spes fore ut, Tua opera, magnae eidem Ordini obveniant utilitates. Itaque motu proprio, certa scientia ac matura deliberatione Nostra, hisce Te Litteris Apostolicis Nostraque auctoritate, **Fratrum Ordinis Teutonici Sanctae Mariae in Jerusalem**, illorumque domorum quarumcumque, apud Nos et hanc Apostolicam Sedem, **Patronum** seu **Protectorem** quoad vives, cum omnibus honoribus, privilegiis, juribus, facultatibus atque oneribus solitis et consuetis, eligimus, facimus, renuntiamus. Omnibus proinde et singulis ejusdem Ordinis Moderatoribus ac religiosis quibusque personis mandamus, ut Te in suum Patronum excipiant et ea, qua debent, reverentia prosequantur. Contrariis quibusvis nihil obstantibus. Datum Romae, apud Sanctum Petrum, sub anulo Piscatoris, die XXVII mensis Junii, anno MCMLXII, Pontificatus Nostri quarto.

Dilecto Filio Nostro
Arcadio Mariae
S.R.E. Card. **Larraona**
Diacono SS. Blasii et Caroli
ad Catinarios

H. J. Card. Cicognani
a publicis Ecclesiae negotiis

Ernennung des letzten Kardinalprotektors des Deutschen Ordens, Arcadio Mariae, Kardinal Larraona, durch Papst Johannes XXIII. (1958–1963) am 27. Juni 1962.

Audienz des Hochmeisters Ildefons Pauler (1970–1988) bei Papst Johannes Paul II.

Aus diesem Grunde wies P. Marian Tumler in seinen Schriften wieder und wieder nicht auf das Trennende, sondern auf das Verbindende zwischen den Polen und den deutschsprachigen Europäern hin. So verdankt nach seinen Worten das christliche Europa die Rettung vor dem Islam weitgehend – um nicht zu sagen nur – dem Einsatz des Polenkönigs Johann Sobieski in der Schlacht am Kahlenberg.

»Polen und Deutschordensritter standen dort im gemeinsamen christlichen Abwehrkampf brüderlich zusammen. Das Ereignis zählt zu den entscheidenden geschichtlichen Wendepunkten des Abendlandes.«

Anton Jaumann hofft nicht nur auf eine politisch notwendige Verständigung zwischen Europäern deutscher und polnischer Sprache. Er glaubt auch an die Zukunft des Ordens, dessen Gesicht und geistige Prägung er an entscheidender Stelle viele Jahre mitverantwortete.

»Ich glaube, daß die Zukunft des Ordens wohl mit dem historischen Hintergrund gesehen werden muß, und daß in gewissem Maße auch die große geschichtliche Leistung unverzichtbar bleibt. Aber in der Modernität, in den drei Zweigen des Ordens, steckt eine in die Zukunft weisende geistliche Erneuerung. Wir sind zum Beispiel schon in meiner Zeit dazu übergegangen, daß die Verbindung zwischen dem Frauenteil, dem Männerteil, dem marianischen Teil und dem Laienteil viel enger geworden ist, daß man sich gegenseitig besucht, weil man sich damit auch gegenseitig hilft.

Halskreuz der Ehrenritter.

Diese Entwicklung wird sicherlich wachsen. Die Frage der Leistung – etwa des Frauenordens – ist in der Tat erstaunlich. Wir haben eine sehr große Gruppe von Kloster-Frauen, die haben verschiedene Heime, auch verschiedene Institutionen, auch Anstalten für den Fremdenverkehr. Da wächst etwas heran, was in der Zukunft in einer ganz bestimmten – ich möchte nicht sagen: Klerikalen Weise, sondern in einer sehr offenen, sehr toleranten Weise Brücken schlägt weit über das historische Vermächtnis hinaus. Wir sind zum Beispiel dabei, beim Laienteil auch Protestanten aufzunehmen. Man sollte ganz bewußt die Grenzen der Kirche ein wenig sprengen, um damit wieder ein Stückchen zurückzuerobern von dem großen Ansehen, das der Deutsche Orden immer besaß und sicherlich auch wieder haben wird.«

Fast visionär und ganz entsprechend dieser Äußerung von Anton Jaumann schrieb Reinhold Schneider:

»Der Orden ist keine Formschöpfung um jeden Preis, wie sie einmal heraufkommen wird in einem entgötterten Jahrhundert. Diese Form ist erfüllt von metaphysischem Gehalt; in der furchtbaren Strenge der Mauern, der noch kälteren Strenge der Regel, will sich nur das Leben verdichten, das keine Grenzen kennt. Dieses Gefüge ist umso fester, je erfüllter es ist; die Glocke ruft vor dem Kapitel, vor der Wahl die Beschließenden zur letzten Verantwortung vor Gott. Das Jenseits bestimmt und die Formen der Erde wachsen ihm zu.« (Schneider, Hohenzollern)

Erbe und Verpflichtung

Die Zielsetzung des Hochmeisters Arnold Wieland

In der achthundertjährigen Geschichte des Deutschen Ordens leuchten 64 Namen von Hochmeistern auf, die mit ihrem Werk und ihrem geistig-caritativen Wirken manches Kapitel europäischer Geschichte prägen und letztlich bis heute weiterprägen. 64 Namen werden in den Chroniken gezählt. Dazu kommen noch einige Ordensgebietiger, die nur mit dem vergleichsweise schlichten Titel »Meister« bedacht wurden. Doch gerade diese ersten Gebietiger – die »Meister« der ersten Stunde – wiesen, wie Meister Sibrand, der unter anderem erster Leiter des Hospitals in Akkon war, dem Deutschen Orden den Weg in eine Jahrhunderte umspannende Geschichte, die in Zielsetzung und Aufgabe bis heute lebendige Gegenwart blieb. Arnold Wieland, der 64. Hochmeister des Deutschen Ordens, stellt dazu fest:

»Im ersten Bericht heißt es: Bürger aus Lübeck und Bremen haben vor Akkon ein Zeltspital errichtet, um Kranke zu pflegen. Selbstverständlich war nach mittelalterlicher Darstellung ein Kaplan dabei. Das ist der Beginn. 800 Jahre feiern wir jetzt. 800 Jahre sind vergangen, seitdem der Deutsche Orden entstanden ist. Acht Jahre nach seiner Gründung wurde er zu einem Ritterorden. Damit sind die beiden wesentlichen Dimensionen im Laufe der Geschichte des Ordens aufgezeigt: Auf der einen Seite das Hospitalwesen, die Hospitalität, die Pflege von Kranken, Armen, Hilfsbedürftigen und auf der anderen Seite die Verteidigung des Reiches Gottes.«

Die Hospitalität war, wie P. Marian Tumler es in seiner Ordenschronik darstellt, für die Kreuzfahrer eine lebensrettende Notwendigkeit. Was damals ganz fehlte, war ein solides »Etappenwesen«. Es gab keine Versorgungsmöglichkeit für die Verletzten oder Kranken. Diese Not klang erst ab, als im Jahre 1190 ein Zeltspital vor Akkon errichtet wurde, das der Sohn Friedrich Barbarossas, Friedrich von Schwaben, seinem Kaplan anvertraute. Dieses Spital wurde zur Geburtsstätte des Deutschen Ordens. Hochmeister Arnold Wieland sieht in dieser caritativen Tätigkeit seines Ordens einen Höhepunkt der ganzen Ordensgeschichte – einen Höhepunkt, der über Jahrhunderte hinweg zugleich auch ein wegweisendes Vorbild blieb:

»Ich möchte noch einmal auf die Hospitalität hinweisen. Nach der alten Regel ist es Pflicht, bei jedem Haus, das ein Landkomtur – also der Obere einer Provinz – errichtet, auch ein Hospital zu stehen hat, das nach mittelalterlicher Auffassung die Kranken und die Armen gratis pflegt. Das finden wir bis in unser Jahrhundert hinein. Vorbild ist in diesem Bereich Elisabeth von Thüringen, und Marburg – der Ort, in dem sich das Leben dieser Heiligen vollendete, gilt auch als Symbol für diese caritativen Leistungen des Ordens.«

Neben der Hospitalität aber wurde dem Orden – übrigens noch im Heiligen Land – vielleicht eher als Belastung denn als Bereicherung, eine weitere Zielsetzung angetragen. P. Marian Tumler gab dazu in seiner Ordenschronik den wortkargen Hinweis:

»Vierzehn deutsche Fürsten beschlossen vor ihrer Abreise aus Palästina das Deutsche Hospital in einen Ritterorden zu verwandeln.«

Die Gefahren der Wandlung

Reinhold Schneider sah in dieser neuen Aufgabenstellung eine Last. Er schrieb: »Erst der Wechsel zwischen Klosterstille und Kampfgetöse, der Wechsel zwischen Askese und Kriegslust macht das Geheimnis des Ordenswerkes aus. Aber je besser das Werk gedeiht, umso näher rückt auch sein Ende; in demselben Prinzip des Lebens, das zur Entfaltung treibt, ist die Notwendigkeit des Untergangs beschlossen. Das Wort des klugen Papstes Gregor IX., daß die Ritter die Täuflinge abwiesen unter der Begründung, als Heiden seien sie leichter zu beherrschen, bezeichnet keine Wirklichkeit, aber es wittert die Tragik der Idee. In dem Zwiespalt, der sie bedrohte, konnten die Ritter nicht handeln, nach dem Vorwurf des Papstes: Sie mußten umkehren und damit eben selbst ihrem Werk die Grenze ziehen. Der Verlust der großen metaphysischen, der unersetzbaren Idee war unvermeidlich; und er allein hätte, auch ohne die hinzutretende politische Gegnerschaft, genügt, um die Lebensform des Ordens zur Verwandlung zu bestimmen oder zu zerbrechen.« (Schneider, Hohenzollern) Der Deutsche Orden erlebte freilich die Wandlung von der »Klosterstille zum

Hochmeister Dr. Arnold Wieland.

Kampfgetöse« nicht zufällig. P. Marian Tumler argumentierte:
»Der Islam entriß dem Christentum ganz Nordafrika und Westasien. Die Katastrophen des 7., 8. und 11. Jahrhunderts sind die schwersten in der Geschichte der Kirche, denn sie verlor damit für immer mehr als die Hälfte ihres Gebietes, und zwar gerade die reichsten und kulturell höchststehenden Länder.«
Um diesen Abbröckelungsprozeß zu bremsen und bis damals heidnische Gebiete – vor allem im Norden und Nordosten Europas – zu missionieren, griffen die Ordensbrüder zur Waffe. Friedrich Schiller besang dies, wie es einmal ausgedrückt wurde, »beseelende Element des Ritterordens«:
»Herrlich kleidet sie euch, des Kreuzes furchtbare Rüstung, wenn ihr, Löwen der Schlacht, Akkon und Rhodos beschützt, durch die syrische Wüste den bangen Pilgrim geleitet, und mit der Cherubim Schwert steht vor dem heiligen Grab.«
Auch P. Marian Tumler sah in dem Ritterideal des Ordens neben allen aufgebürdeten Gefahren eine Aufgabe.
»Das ist ein Symbol des Dienens, der Fairneß und der persönlichen Verantwortungsbereitschaft, das den Kampf so oft entschieden hatte, als noch Mann gegen Mann auf dem Felde focht. Es gewann eine weit größere Bedeutung im friedlichen Wettbewerb, in der Sicherung menschlicher Lebensbedingungen, in der christlichen Hilfsbereitschaft, für den geistigen, kulturellen und wirtschaftlichen Fortschritt.«

Bewahrte Sinngebung

Von dieser geschichtlichen Wirklichkeit blieb – bis heute – nach dem Eindruck des 64. Hochmeisters Arnold Wieland die Zielsetzung erhalten, daß der Orden von seiner Gründung an bis in die Gegenwart hinein ein Bindeglied Europas wurde und blieb.
»Der Orden heißt ›Deutscher Orden‹. Aber das war nie in einem national oder nationalistischen Sinne gedacht. Schon bei der Gründung stand, richtigerweise, die Sprache derer im Vordergrund, die in Palästina, sei es als Kaufleute, sei es als Kreuzfahrer, angekommen waren und wenn sie krank wurden, keine Hilfe fanden. Dieser Menschen nahm sich der Deutsche Orden an. Doch der Orden war auch, von Anfang an – über die Sprache der Nation der Deutschen hinausgehend – hilfreich und tätig für alle anderen Europäer; von Griechenland bis nach Belgien und den Niederlanden, und von Sizilien und Unteritalien bis hinauf nach Dänemark und nach Estland und Finnland.«
Die achthundertjährige Geschichte des Deutschen Ordens ist erfüllt von europäischen Bezügen – im Heiligen Land, in Siebenbürgen, im gesamten Mittelmeerraum, in Venetien, in Preußen und im Baltikum und in den weiten Gebieten des Heiligen Römischen Reiches Deutscher Nation. Hermann von Salza und Winrich von Kniprode verkörpern die Glanztage des Ordens, Heinrich von Plauen und Albrecht von Brandenburg die Scheidewege und Zäsuren. Mergentheim und Wien schließlich kennzeichnen die Perioden der Rückbesinnung. Was blieb von all dem? Blieb in der Tat – bis heute – eine Zukunftsvision? Hochmeister Arnold Wieland bekennt:
»Im Generalkapitel 1988, in dem ich zum Hochmeister gewählt worden bin, sind zugleich die neuen Regeln und Statuten für die Brüder, für die Schwestern und für die Familiaren verabschiedet worden. In diesen Konstitutionen gibt es ein Einleitungskapitel. Es trägt den Titel ›Erbe und Auftrag‹. Darin wird die Geschichte des Ordens kurz zusammengefaßt, die Spiritualität mit dem Kreuz, mit Maria, mit den Ordenspatronen Elisabeth und Georg, die uns die Ziele der Hospitalität und des Einsatzes für das Reich Gottes als Aufgabe weitergegeben haben. Nicht allein die Kontinuität des Ordens vom Deutschen Orden über den Ritterorden bis zum jetzigen historischen Titel ›Brüder vom Deutschen Haus St. Mariens in Jerusalem‹ ist gewahrt, sondern auch die Umwandlung des Ordens in den Zwanziger Jahren blieb als Ziel erhalten. Ich möchte dazu aus dem Brief des letzten Ritterhochmeisters, Erzherzog Eugen von Österreich, einen Passus zitieren. Er schrieb diesen Brief am 22. April 1923 in Basel. ›Geehrte Herren Großkapitulare, liebe Ordensbrüder! Die großen, historischen Ereignisse des letzten Jahrzehnts und die darauf folgenden politischen und sozialen Umwälzungen haben die Rechtsgrundlagen unseres Ordens völlig verändert. Zudem erheischt das neue offizielle, kirchliche Gesetzbuch, der Codex des nun geltenden kanonischen Rechtes wesentliche Wandlungen unserer Statuten. Das

Gefühl der Verantwortung und der Wille zur Selbsterhaltung zwingen zu einer Reform der Verfassung und Verwaltung des Ordens, die durch eine äußere Neugestaltung gegeben ist. Bevor ich dem Generalkapitel meine, auf erhebliche Ursachen gegründeten Entschlüsse kundtue, erschien es mir als ein Gebot der Pflicht, unseren geliebten Orden noch unter Meiner Führung in die neue Zeit zu geleiten. Nun liegt Mir am Herzen, die Wahl eines hochmeisterlichen Koadjutors und unbestrittenen Nachfolgers im Hochmeisteramte doch zu führen, um so die stete Rechtsfolge in jeder Form zu verbürgen.‹«

Erbe und Auftrag

Der aus Österreich-Schlesien vertriebene und zeitweilig von den Tschechen eingekerkerte Hochmeister Robert Schälzky empfand diese Vision noch in seiner Sterbestunde im Januar 1948. Seine letzten Worte sind überliefert: »Der liebe Herrgott verläßt die Seinen nicht. Es sieht zur Zeit nicht gut aus, aber es wird schon Hilfe kommen. Der Orden hat Zukunft. Der Eifer und die mühevolle Arbeit wird gedeihen: In ein paar Jahren wird es sich zeigen, wie gut diese Heimsuchung war. Es ist so Gottes Schickung. Nur mutig und freudig in die Zukunft.«

Dieser Mut zur Zukunft wurde dem Orden nach den Worten von Hochmeister Arnold Wieland schon früher, vor der Vertreibung, abverlangt – unter anderem auch im Jahre 1923.

»Unsere Aufgabe ist es, die Tradition des Ordens weiterzuführen. Erzherzog Eugen ist für uns ein bedeutender Hochmeister. Ich glaube, für die Zukunft ist es meine Aufgabe, in dieser Tradition das zu verwirklichen, was wir Gemeinsam in der katholischen Kirche haben als männlicher Zweig, als Kongregation der Schwestern und auch als Zweig der Familiaren. Es ist wohl eine Ausnahme in der katholischen Kirche, daß ein Männerorden eine Frauenkongregation und noch dazu das Institut der Familiaren besitzt und in einem gemeinsamen Kapitel zu Beratungen zusammentrifft. Brüder und Schwestern haben den Hochmeister gewählt und arbeiten gemeinsam mit ihm in den verschiedenen Provinzen zusammen – in den Haupttraditionen, also der Hospitalität und der Verteidigung des Reiches Gottes, wobei in diesem zweiten Bereich die Verinnerlichung als ein Hauptstück zu betrachten ist.«

Erinnerungen an Erzherzog Eugen

Diese Verinnerlichung war aber zugleich erfüllt von einem Gefühl für tiefempfundene menschliche Harmonie. Einen Eindruck vermittelt davon die Begegnung der aus Ostpreußen stammenden Geschwister Milthaler mit dem letzten Hochmeister aus dem Hause Habsburg, Erzherzog Eugen. Wulfhild Milthaler erinnert sich:

»Das war ein Tag, wie man ihn sich nur erträumt: Der Himmel wie blaue Seide, die blühenden Matten mit betäubend würzigem Duft und ringsum die überfirnten Bergspitzen, die in der Sonne gleißten und glitzerten. Wir beide, meine Schwester und ich, hatten eine lange Fahrt hinter uns bis über die südliche Grenze hinaus ins Land unserer Salzburger Vorfahren, die vor zwei Jahrhunderten ihres Glaubens wegen in umgekehrter Richtung, unter unsagbaren Erschwernissen, ins Ungewisse aufgebrochen waren. Damals meinten wir, so ein Exodus könnte sich niemals wiederholen. Wir ahnten nicht, daß wir bereits schon an einem solchen neuen Abgrund standen.

Wir waren zur Feste Hohenwerfen aufgestiegen, deren Bau bis ins 12. Jahrhundert zurückgeht. Weil die Führung gerade begonnen hatte, erfreuten wir uns an dem herrlichen Rundblick und versuchten die Gebirgszüge gegeneinander im Augenschein abzugrenzen. Da ertönte eine Stimme hinter uns: ›Kann ich Ihnen bei der Namensgebung der Berge behilflich sein?‹ Als wir uns umwandten, stand ein älterer Herr vor uns mit auffallend gut geschnittenem Gesicht, klugen, forschenden Augen, groß, tannenschlank im grauen Lodenjanker der Einheimischen. Er erklärte uns alles und fragte nach dem Grund unserer Reise. Es entspann sich etwa folgender Dialog.

›Dann kommen Sie aus Ostpreußen, aus dem Land des Hermann von Salza?‹
›Ja und nein. Hermann von Salza hat dieses Land ja nie gesehen.‹
›Aber er war sein geistiger Vater und an ihn erging der Hilferuf des Herzogs von Masowien zur Christianisierung des Landes. Er war ein genialer Staatsmann,

Meßfeier vor dem Generalkapitel von 1988 in Lana.

der vermittelnd stand zwischen Kaiser und Papst. Ach, sagen Sie, ist die Burg Lochstädt jetzt eine Ruine?‹
›Sie ist nur noch teilweise erhalten. Ihre Mauern zerbrachen wie die Kräfte des Mannes, den sie banden und auch bargen, des Hochmeisters Heinrich von Plauen.‹
Unser Gesprächspartner zeigte uns noch einige Räume der Burg, die der Öffentlichkeit nicht zugänglich sind, unter anderem eine alte Alchimistenküche, wo einst in Tiegeln und Töpfen nach Formeln und mit magischen Zahlen der Stein der Weisen gesucht wurde. Er nahm dann eine alte Laute von der Wand, legte sie meiner Schwester in den Arm und sagte: ›Versuchen Sie, ihr einige Töne zu entlocken und singen Sie etwas, vielleicht auch aus Ostpreußen.‹ Wir sangen ein paar Lieder nach Texten ostpreußischer und österreichischer Dichter in der Vertonung meiner Schwester. Als es dann draußen im Hof laut wurde durch die hinausströmenden Besucher, sagte er: ›Schade, nun kann ich Sie nicht länger halten, sonst versäumen Sie mir noch die letzte Führung!‹
Als wir ins Freie traten, rief er dem entgegenkommenden Kustos zu: ›Machen Sie keinen Fehler, die beiden jungen Damen sind gut orientiert!‹ Nach der Antwort: ›Jawohl, Kaiserliche Hoheit‹, ahnten wir, wem wir gegenüberstanden. Wir machten schnell noch ein Photo. Bei der Führung flüsterte uns der Kustos zu: ›A liaber Herr.‹ Aus der Begegnung entwickelte sich ein Briefwechsel, der durch Krieg und Flucht ein jähes Ende fand. Als wir 1953 in einer bayerischen Zeitung vom 90. Geburtstag des Erzherzogs lasen, gratulierten wir ihm. Seinem Dankesbrief legte er ein Bild von sich bei. Im Jahr darauf verstarb er.«

Leidensjahr 1938

Die größte Prüfung erfuhr der Orden 1938, als er durch die Nationalsozialisten bedrängt, verfolgt und schließlich aufgelöst wurde. Der jetzige Hochmeister sagt dazu:
»Um das, was damals geschah, zu verdeutlichen, möchte ich erwähnen, daß in Wien am 1. September 1938 der Deutsche Orden, die Ballei Österreich, als erster Orden in Österreich aufgehoben wurde. Die Kirche St. Elisabeth diente als Magazin und der damalige Pfarrer und Archivar, der spätere Hochmeister Marian Tumler, wurde über Nacht einfach hinausgeworfen. Es gibt auch weitere Verdächtigungen, die man dem Orden vorhält, in dem Sinne, er habe mit dem Schwert nur andere zugrundegerichtet und zerstört. Dazu kann man grundsätzlich folgendes sagen: Gewiß waren die Mitglieder des Ordens keineswegs alles Heilige oder gar Märtyrer. Es hat sicher auch innerhalb des Ordens selbst Dinge gegeben, die lieber ungeschehen geblieben wären. Aber wir meinen, Schatten sollten aufgezeigt werden, weil sie zum Licht gehören. Dazu stehen wir in der Geschichte aus Redlichkeit heraus. Doch der Orden hat im Gesamten, das darf ich wohl sagen, Großartiges geleistet: unter anderem auf dem Gebiet des Bauwesens, der Kultur und – was kaum bekannt ist – auch im Bereich der Literatur. So besitzen wir im Archiv des Ordens in Wien eine Regel von 1290 in deutscher Sprache. Wir haben aber auch viele literarische Zeugnisse aus dem Verwaltungsbereich oder aus dem Gebiet der Geschichtsschreibung in deutscher Sprache.«
Die Brüder des Deutschen Ordens trugen »als erste die Farbe der künftigen Macht: Aus dem Weiß ihres Mantels hob sich das schwarze Kreuz.« Gerade dieses Kreuz auf dem Mantel und auch am Gewand wurde nach dem Eindruck von Hochmeister Arnold Wieland den Brüdern und Schwestern nach 1938 zum Verhängnis.
»Ein weiterer Anhaltspunkt für Verdächtigungen ist wohl das sichtbare Zeichen des Kreuzes ›schwarz auf weißem Grund‹. Es wird häufig mit den Symbolen der Nationalsozialisten gleichgestellt oder mit dem Eisernen Kreuz. Doch die Geschichte lehrt, daß es keinerlei Gedankenverbindung dieser Art gibt. Der Orden hatte das Kreuz Jahrhunderte vorher zum Sinnbild erhoben und trug es hinaus in alle Welt, wo er tätig war. 1813 wurde es wohl von Friedrich Schinkel zum Eisernen Kreuz umgestaltet und damit zu einer Auszeichnung für Verdienste in den Freiheitskriegen erkoren. Ich meine jedoch, die Verbindung ist so, daß man zurückgreifen sollte auf den Ursprung des Ordens. Wir haben durch Jahrhunderte und auch in den schweren Jahren der Kriegs- und Nachkriegszeit dieses Kreuz an unserem Talar getragen. Ich meine, die Tradition des Ordens ist älter, ist bedeutender und wohl auch gewichtiger.«

Zukunft – Vision oder Realität

All das ist nicht vergessen, aber überwunden. Doch wie soll es weitergehen? Noch heute leidet der Deutsche Orden – vor allem in Deutschland – unter den Nachwirkungen des Verbots und der Auflösung nach 1938. Der jetzige Hochmeister kennt diese Schwierigkeiten. »Die Residenz des Hochmeisters und somit das Zentrum des Deutschen Ordens ist seit den Tagen Napoleons Wien. Napoleon hatte den Deutschen Orden aus Deutschland vertrieben und so mußte sich diese Gemeinschaft in die österreichischen Erbländer zurückziehen. Das läßt auch verstehen, daß im vorigen Jahrhundert und auch im ersten Viertel dieses Jahrhunderts das Haus Habsburg die Hochmeister stellte. Erst seit 1945 sind Priester und Schwestern des Ordens wieder nach Deutschland gekommen. Die Schwestern fanden ihre Hauptniederlassung im Mutterhaus zu Passau, wo sich jetzt auch die Universität befindet. Die Brüder sind, nach verschiedenem Wechsel von Stationen, nach Frankfurt in den alten Deutschordens-Konvent Sachsenhausen gekommen und haben dort ihre Stätte gefunden. Die Familiaren waren hilfreich, um den Deutschen Orden in Deutschland überhaupt wieder bekannt zu machen. Die Aufgabe der nächsten Jahre muß wohl sein, daß der Orden in Deutschland noch weiter Fuß faßt und sich ausbreitet.«

Die Zukunft wird zeigen, ob und wie sich diese Hoffnungen erfüllen. Der Orden selbst jedenfalls ist dabei, Hürden und Vorbehalte abzubauen und Brücken zu schlagen gleichermaßen nach West und Ost, getreu seiner historischen Zielsetzung als Bindeglied Europas. Hochmeister Arnold Wieland erklärt dazu: »Ich war im Sommer 1989 auf dem Hradschin in der Residenz des Primas von Böhmen, Kardinal Frantizek Tomasek. Es war eine herzliche Begegnung. Nachdem ich in das Gästebuch den Namen des Hochmeisters eingeschrieben habe, hat mir der Kardinal herzlich dafür gedankt. Einen Satz, den mir der Primas gesagt hatte, und der mich zutiefst bewegt hat, möchte ich zitieren: ›Wer für die Kirche arbeitet, tut viel; wer für die Kirche leidet, tut alles.‹«

Besuch des Hochmeisters Dr. Arnold Wieland bei Kardinal Tomasek in Prag am 5. August 1989.

Deutschordensservice, Meißen.

Deckelpokal.

Liste der Obersten Gebietiger und Hochmeister von 1190 bis zur Gegenwart

In der Zeit des Ordens als Hospitalbruderschaft

1190–1198

Meister Sibrand	1190
Gerhard	1192
Heinrich (Prior = Priester)	1193/94
Heinrich, praeceptor (vermutlich identisch mit Heinrich Walpot, dem ersten Meister des Ritterordens 1198).	1196

In der Zeit des Ordens als geistlicher Ritterorden

1198–1929

1. Heinrich Walpot	1198–1200
2. Otto von Kerpen	1200–1208
3. Heinrich von Tunna gen. Bart	1208–1209
4. Hermann von Salza	1209–1239
5. Konrad von Thüringen	1239–1240
6. Gerhard von Malberg	1240–1244
7. Heinrich von Hohenlohe	1244–1249
8. Gunther von Wüllersleben	1249–1252
9. Poppo von Osterna	1252–1256
10. Anno von Sangershausen	1256–1273
11. Hartmann von Heldrungen	1273–1282
12. Burchard von Schwanden	1283–1290
13. Konrad von Feuchtwangen	1291–1296
14. Gottfried von Hohenlohe	1297–1303
15. Siegfried von Feuchtwangen	1303–1311
16. Karl von Trier	1311–1324
17. Werner von Orseln	1324–1330
18. Luther von Braunschweig	1331–1335
19. Dietrich von Altenburg	1335–1341
20. Ludolf König	1342–1345
21. Heinrich Dusemer	1345–1351
22. Winrich von Kniprode	1352–1382
23. Konrad Zöllner von Rotenstein	1382–1390
24. Konrad von Wallenrode	1391–1393
25. Konrad von Jungingen	1393–1407
26. Ulrich von Jungingen	1407–1410
27. Heinrich von Plauen	1410–1413
28. Michael Küchmeister	1414–1422
29. Paul von Rusdorf	1422–1441
30. Konrad von Erlichshausen	1441–1449
31. Ludwig von Erlichshausen	1450–1467
32. Heinrich Reuß von Plauen	1467–1470
33. Heinrich Reffle von Richtenberg	1470–1477
34. Martin Truchseß von Wetzhausen	1477–1489
35. Johann von Tiefen	1489–1497
36. Friedrich von Sachsen	1498–1510
37. Albrecht von Brandenburg-Ansbach	1511–1525
38. Walter von Cronberg	1527–1543
39. Wolfgang Schutzbar gen. Milchling	1543–1566
40. Georg Hund von Wenckheim	1566–1572
41. Heinrich von Bobenhausen	1572–1590/95
42. Maximilian von Österreich	1590/95–1618
43. Karl von Österreich	1618–1624
44. Johann Eustach von Westernach	1625–1627
45. Johann Kaspar von Stadion	1627–1641
46. Leopold Wilhelm von Österreich	1641–1662
47. Karl Joseph von Österreich	1662–1664
48. Johann Kaspar von Ampringen	1664–1684
49. Ludwig Anton von Pfalz-Neuburg	1684–1694
50. Franz Ludwig von Pfalz-Neuburg	1694–1732
51. Clemens August von Bayern	1732–1761
52. Karl Alexander von Lothringen	1761–1780
53. Maximilian Franz von Österreich	1780–1801
54. Karl Ludwig von Österreich	1801–1804
55. Anton Victor von Österreich	1804–1835
56. Maximilian Joseph von Österreich-Este	1835–1863
57. Wilhelm von Österreich	1863–1894
58. Eugen von Österreich	1894–1923

Wappen des Hochmeisters Franz Ludwig von Pfalz-Neuburg (1694–1732). Handschrift aus dem Jahre 1710 (Hs. 155 DOZA).

In der Zeit des Ordens als klerikaler Orden

seit 1929

59. P. Dr. Norbert Klein	1923–1933
60. P. Paul Heider	1933–1936
61. P. Robert Schälzky	1936–1948
62. P. Dr. Marian Tumler	1948–1970
63. P. Ildefons Pauler	1970–1988
64. P. Arnold Wieland	seit 1988

Quelle: Ordenskatalog 1983

Geschichtsübersicht

Wichtige Daten aus der Ordensgeschichte in Beziehung gesetzt mit Ereignissen aus der Zeitgeschichte

1190
Gründung des Deutschen Ordens im Feldlager vor Akkon, caritative Hilfe für verwundete und kranke Teilnehmer der Kreuzzüge.

Friedrich Barbarossa ertrinkt auf einem Kreuzzug in Kleinasien.
Kaiser Heinrich VI. kämpft um das sizilianische Erbe der Staufer.
Richard Löwenherz nimmt an einem Kreuzzug teil.
Byzanz wird von den Kreuzfahrern erobert.
In Franken wird der Plan erwogen, die Hohenzollern zu Burggrafen von Nürnberg zu erheben.
Die Minnesänger Hartmann von der Aue und Friedrich von Hausen werden gefeiert.
Baumeister arbeiten am Dom zu Stendal, am Dom zu Würzburg, in der Kaiserpfalz in Wimpfen am Neckar und entwerfen Pläne für den Dom zu Bamberg.

1198
Erhebung der Hospitalbruderschaft zum Ritterorden.

Otto IV., Sohn Heinrich des Löwen, wird mit dem Gegenkönig Philipp von Schwaben, dem Sohn Friedrich Barbarossas, konfrontiert.
In Deutschland beginnt die Blütezeit der Dichtungen des Walther von der Vogelweide, in Rußland wird das »Igorlied« ersonnen.
In Trier wird der auf römischen Fundamenten erbaute Dom erweitert.
In Flandern erlebt das Bürgertum eine erste Blüte.

1210
Der König von Ungarn ruft den Deutschen Orden nach Siebenbürgen.
Hermann von Salza hat das Amt des Hochmeisters inne.

Kaiser Otto IV. wird durch den Papst gebannt, der Staufer Friedrich II. wird zum Gegenkönig erhoben.
Das Magdeburger Recht wird von den Städten des Ostens übernommen.
In England bricht die Zeit der »Magna Charta« an.

Franz von Assisi schreibt seine Ordensregeln nieder.
Wolfram von Eschenbach dichtet den »Parzival« und Gottfried von Straßburg seinen »Tristan«.
In Maulbronn wird die Zisterzienserkirche erbaut und in Halberstadt entsteht der Chor des Domes, in Magdeburg wird mit dem Bau des Domes begonnen.

1226
Kaiser Friedrich II. erläßt die »Goldene Bulle von Rimini«.
Ein kleines Kontingent von Rittern zieht auf Einladung des Herzogs Konrad von Masowien nach Preußen.

Der Rechtsstand der Reichsstädte, die nur unmittelbar dem Kaiser unterstehen, entsteht.
Die heilige Elisabeth lebt auf der Wartburg an der Seite ihres Mannes, des Landgrafen von Thüringen.
In Reval wird mit dem Bau des Domes begonnen.
Am Freisinger Dom entsteht die Bestiensäule.

1230
In Preußen werden die Grundlagen für den Ordensstaat jenseits der Grenzen des Heiligen Römischen Reiches geschaffen.
Kurz darauf wird vom Deutschen Orden die Stadt Thorn an der Weichsel gegründet und in Kulm eine Burg erbaut.

Kaiser Friedrich II., der nach seiner Teilnahme am Kreuzzug auch den Titel eines Königs von Jerusalem führt, bereitet in Palermo die Gründung eines Hofes vor.
Am Bamberger Dom entstehen die Standbilder für Kaiser Heinrich II. und die Kaiserin Kunigunde.
In Regensburg wird die Schottenkirche erbaut und am Straßburger Münster meißeln die Steinmetzen die Engelspfeiler.

1309
Hochmeister Siegfried von Feuchtwangen verlegt die Residenz des Ordens von Venedig nach der Marienburg.
Der Deutsche Orden erobert Pomerellen.
Die Marienburg an der Nogat wird erweitert.

Der Papst geht nach Avignon, die Zeit der »babylonischen Gefangenschaft der Kirche« beginnt.
In der Mark Brandenburg regiert der Markgraf Waldemar als letzter Askanier.
Die Städte Berlin und Köln verbinden sich.
In der Schweiz wird der Rütli-Schwur gefeiert.

Dante schreibt seine »Göttliche Komödie«.
In Venedig wird der Dogenpalast aufgebaut.

1352
Unter dem Hochmeister Winrich von Kniprode beginnt die Blütezeit des Deutschen Ordens, sie endet 1382 mit dem Tode dieses Obersten Gebietigers, kurz darauf zeigt sich mit der Gründung der polnisch-litauischen Union das Ende des Ordens in Preußen an.

In dieser Zeit wird durch Kaiser Karl IV. das Prager Kanzleideutsch geprägt, vor allem durch den Humanisten Johann von Neumarkt.
Die Mark Brandenburg erlebt heftige Krisen durch das Auftreten des Falschen Waldemar, bis die glücklos im Lande regierenden Wittelsbacher das Kurfürstentum an Kaiser Karl IV. verkaufen.
In dieser Zeit kommen die Fugger als Weber nach Augsburg.

In Nürnberg entsteht die Frauenkirche. In Lübeck wird die Marienkirche vollendet und in Prag erbaut Peter Parler den Chor von St. Veit.
In der gleichen Epoche schreibt Petrarca sein Epos »Vom einsamen Leben«.

1410
Mit der Schlacht bei Tannenberg erlebt der Deutsche Orden eine gefährliche Niederlage.
Heinrich von Plauen wird Hochmeister, doch seine Reformpläne scheitern, schon 1413 wird er seines Amtes enthoben.

In dieser Zeit erhält der Sohn Kaiser Karls IV., Sigismund, die deutsche Königswürde.
Johan Hus wird von Erzbischof von Prag gebannt.

In Garmisch bewundern die Menschen die Passionsbilder in der Pfarrkirche und in Bremen rätseln sie über die Bedeutung des Roland.

1457
Der Hochmeister Ludwig von Erlichshausen verlegt die Residenz des Deutschen Ordens von der Marienburg nach Königsberg.

Die Marienburg wird von den Polen besetzt.

Am Bosporus herrschen seit dem Untergang Ostroms im Jahre 1453 die Osmanen.
In Prag beginnt das Zeitalter des Georg von Poděbrad.
In Ungarn beschert Mathias Corvinus seinem Land eine Renaissance-Blüte.

1525
Der letzte Hochmeister in Preußen, Albrecht von Brandenburg, legt sein Amt nieder und nimmt die Würde eines Herzogs von Preußen an.
Der Deutsche Orden verlegt darauf die Residenz von Königsberg nach Mergentheim.

Im Reiche toben derweil die Bauernkriege. Martin Luther schreibt sein Werk »Wider die räuberischen und mörderischen Rotten der Bauern«, und Thomas Münzer wird nach der Schlacht bei Frankenhausen hingerichtet.

Albrecht Altdorfer und Matthias Grünewald stellen mit ihren Gemälden Bilder des Friedens in diese bewegte Zeit, Tilman Riemenschneider vollendet seine »Volkacher Madonna«.

1809
Der Deutsche Orden erlischt in Deutschland. Der Ordensschatz wird nach Wien gebracht.

Es ist die Zeit der Herrschaft Napoleons über große Teile Europas.
Andreas Hofer begehrt gegen den französischen Kaiser auf.

Wilhelm von Humboldt trägt sich mit dem Gedanken, in Berlin eine Universität zu gründen, um dem »Staat an geistigen Kräften das wiederzugeben, was er an physischen Kräften im Kriege verlor«.
Goethe schreibt »Die Wahlverwandtschaften«.
Caspar David Friedrich malt seinen »Mönch am Meer«, Ludwig van Beethoven komponiert sein Streichquartett Es-dur und E. T. A. Hoffmann lebt als Musikdirektor in Bamberg.

1837
Das bereits im Mittelalter gegründete Institut der Ordensschwestern wird neu belebt.

Kaiser Franz I., der den Orden reaktivierte, nachdem er von Mergentheim nach Wien kam, ist kurz zuvor (1835) gestorben.
In Deutschland werden die »Göttinger Sieben« entlassen, darunter auch die Gebrüder Jakob und Wilhelm Grimm.

Es ist die Zeit, in der Joseph von Eichendorff die Novelle »Schloß Dürande« schreibt und Annette von Droste-Hülshoff ihre Gedichte zu Papier bringt.
In München erbaut Leo von Klenze die Allerheiligen-Hofkirche und Peter Cornelius trägt sich mit dem Gedanken, die Ludwigskirche mit einem Fresko, dem er den Namen »Jüngstes Gericht« geben wird, zu schmücken.

1866
Das Institut der Ehrenritter und Familiaren für das Sanitätswesen in der k.u.k.-Monarchie wird gegründet.

Die Schlacht bei Königgrätz findet statt.

Der erste Band des »Kapitals« von Karl Marx wird veröffentlicht.
In dieser Zeit schreibt Fedor Dostojewskji seinen Roman »Schuld und Sühne«.
Ludwig Richter zeichnet Holzschnitte zum Thema »Unser Täglich Brot«.

Franz Liszt läßt sich in Rom zum Abbé weihen.
Adolph von Menzel vollendet sein Gemälde von der Krönung Wilhelm I. zum König von Preußen.
In München wird das Bayerische Nationalmuseum gegründet.

1923
Erzherzog Eugen, der letzte Hochmeister aus dem Hause Habsburg, legt sein Amt nieder.

Die Franzosen besetzen das Ruhrgebiet.
Hitler unternimmt seinen Putschversuch in München.
Gustav Stresemann wird Deutscher Reichsaußenminister.
Die Litauer besetzen das Memelland.
Kalinin übernimmt das Amt des Präsidenten des Obersten Rates der Sowjetunion.

Thomas Mann schreibt seine Rede »Von deutscher Republik«.
Rainer Maria Rilke dichtet die »Duineser Elegien«.
Lovis Corinth malt seinen »Baum am Walchensee«.
Ernst Barlach vollendet die Holzplastik »Weinende Frau«.

1938/1939
Der Deutsche Orden wird von den Nationalsozialisten im Sudetenland und auch in Österreich aufgelöst.

Der österreichische Bundeskanzler Schuschnigg legt sein Amt nieder.

George Bernanos schreibt sein beziehungsreiches Werk »Die großen Friedhöfe unter dem Mond«.
Werner Bergengruen dichtet über den »Tod in Reval«.
Anna Seghers bringt »Das siebte Kreuz« zu Papier.

1946/1947
Bereits 1946 nimmt der Deutsche Orden in Deutschland seine caritative Arbeit wieder auf und 1947 wird er auch in Österreich in seine alten Rechte eingesetzt.

Die Nürnberger Prozesse finden statt.
Konrad Adenauer – der später zum Familiaren des Deutschen Ordens ernannt wird – zwingt die Deutschen zum Nachdenken.

Gerhart Hauptmann und Graf Hermann Keyserling legen die Feder aus der Hand.
Franz Werfels posthum erschienener »Stern der Ungeborenen« wird in diesen Jahren ebenso gelesen wie Theodor Plieviers »Stalingrad«.
In Berlin wagt der Direktor der Staatlichen Museen, Ludwig Justi, unter dem Motto »Wiedersehen mit Museumsgut« eine erste Kunstausstellung in dem notdürftig hergerichteten Weißen Saal des Schlosses an der Spree, drei Jahre bevor dieses sinnloserweise und zum Schrecken vieler Europäer zerstört wird.

1970
Der Deutsche Orden erhält durch Beschluß des Generalkapitels wieder seinen historischen Namen »Brüder vom Deutschen Haus Sankt Mariens in Jerusalem«.

Der glücklos gegen die Gewalt ankämpfende Reichskanzler der Weimarer Republik, Heinrich Brüning, stirbt.
Alexander Solschenizyn wird die Ausreise zum Empfang des Nobelpreises verweigert.
Alexander Dubček wird durch Betreibung eines Parteiausschlußverfahrens neuerlich gedemütigt.
Das Leben Alexander Kerenskis erlischt.
Erstmals findet ein Treffen zwischen dem Bundeskanzler Willi Brandt und dem Ministerpräsidenten der DDR, Willi Stoph, statt.

1990
Der Deutsche Orden begeht sein 800jähriges Bestehen.

Glossar

Begriffe aus der Welt des Deutschen Ordens

Hochmeister
Oberhaupt des Deutschen Ordens.
Als verbindlicher Titel erst etwa seit dem Ende des 13. Jahrhunderts eingeführt. Vor der offiziellen Gründung des Ordens gab es für das Oberhaupt dieser Gemeinschaft verschiedene Bezeichnungen wie »Magister«, »Meister« oder »Magister Hospitalis«.
Ungefähr von 1230 bis 1525 galt der Hochmeister als Souverän des jenseits der Grenzen des Heiligen Römischen Reiches Deutscher Nation gelegenen Ordensstaates in Preußen. Seit der Verlegung der Residenz nach Wien (1809) lag die Hochmeisterwürde beständig beim Hause Habsburg – in der Regel bei einem nahen Verwandten des Kaisers von Österreich. Zuletzt hatte Erzherzog Eugen bis 1923 dieses Amt inne.
Der Titel Hochmeister für das Oberhaupt des Deutschen Ordens wurde bis heute beibehalten.

Landmeister
Nicht mehr gebräuchliche Bezeichnung für das Oberhaupt eines größeren, dem Orden unterstehenden geographischen Bereichs.

Komtur
Nicht mehr gebräuchliche Bezeichnung für den Befehlshaber einer Burg des Ordens.

Großkomtur
Nicht mehr gebräuchliche Bezeichnung. Der Großkomtur war für den Ordensschatz und die Vorräte aller Art des ganzen Ordens verantwortlich. Er vertrat den Hochmeister bei Krankheit oder längerer Abwesenheit.

Oberster Marschall
Nicht mehr gebräuchlicher Titel. Der Oberste Marschall war verantwortlich für die Verteidigung des Ordens und für alle militärischen Fragen überhaupt.

Oberster Spittler
Nicht mehr gebräuchlicher Titel. Der Oberste Spittler war verantwortlich für die Krankenpflege und das gesamte Spitalwesen.

Oberster Trappier
Nicht mehr gebräuchlicher Titel. Der Oberste Trappier war verantwortlich für die Verteilung der Kleidung.

Oberster Treßler
Nicht mehr gebräuchlicher Titel. Der Oberste Treßler war verantwortlich für das Finanzwesen.

Gebietiger
Kaum noch gebrauchter Titel. Zu diesem Kreis zählten früher der Hochmeister, der Großkomtur, der Oberste Marschall, der Oberste Spittler, der Oberste Trappier und der Oberste Treßler.

Generalkapitel
Noch verwandte Bezeichnung. In Preußen, aber auch später in Mergentheim und Wien bildeten die Gebietiger das Generalkapitel, das einmal im Jahr unter Vorsitz des Hochmeisters zusammentrat. Dieses Generalkapitel kann bis heute für den ganzen Orden verbindliche Bestimmungen genehmigen. Es gibt und verlangt Rechenschaft über die Amtsführung der Gebietiger, aber auch der Ordensangehörigen in allen anderen Bereichen. Das Generalkapitel kann Entscheidungen über die Ernennung oder Absetzung von Würdenträgern des Ordens treffen. Es kann den Hochmeister jedoch nur im äußersten Ausnahmefall absetzen.

Landkapitel
In den einzelnen geographischen Bereichen, die dem Orden unterstanden, gab es Ämter, die im kleineren Maßstab der Würde der Gebietiger entsprachen. Da gab es Marschälle, Spittler, Trappiers, Treßler. Sie alle zusammen bildeten jeweils ein Landkapitel, das einmal im Jahre zusammentrat.

Ritterbrüder
Nicht mehr gebräuchliche Bezeichnung. Man verstand darunter im Mittelalter und auch ein wenig darüber hinaus Angehörige des Ordens, die wohl Gelübde abgelegt hatten, aber kein Priesteramt innehatten.

Priesterbrüder
Nicht mehr gebräuchliche Bezeichnung. Man verstand darunter – vor allem im Mittelalter – Mitglieder des Ordens, die im Unterschied zu den Ritterbrüdern keine Waffen führten, sondern sich ausschließlich der Seelsorge und karitativen Aufgaben widmeten.

Dienende Brüder
Nicht mehr gebräuchliche Bezeichnung. Man verstand darunter – gelegentlich auch unter dem Titel »Graumäntler«, weil sie ein graues Gewand trugen – Mitglieder des Ordens, die weder mit Waffen umgingen, noch Aufgaben im seelsorgerischen Bereich wahrnahmen. Die Dienenden Brüder betreuten ausschließlich Keller und Küche, Haus und Garten.

Halbschwestern
Nicht mehr gebräuchlicher Titel. Man verstand darunter im Mittelalter weibliche Mitglieder des Ordens, die Aufgaben im karitativen Bereich und im Hause der Ordensbrüder wahrnahmen.

Schwestern
Bis heute gebräuchliche Bezeichnung für die weiblichen Mitglieder des Ordens nach der Wiederbelebung des bereits im Mittelalter gegründeten Instituts der Ordensschwestern.

Weltliche Mitglieder
Im Mittelalter hatten verheiratete und auch unverheiratete Männer die Möglichkeit, als weltliche Mitglieder dem Orden beizutreten. Sie nahmen verschiedene Aufgaben wahr, mußte jedoch nicht die strengen Gelübde ablegen. Diese Weltlichen Mitglieder empfingen, wie es damals hieß, »die Heimlichkeit des Ordens«. Darunter verstand man jedoch keine Geheimnisse, sondern die Geborgenheit der Männer innerhalb der Gemeinschaft des Ordens. Als äußeres Kennzeichen trugen diese Weltlichen Mitglieder ein halbes Ordenskreuz.

Familiaren
Diesen Titel gab es bereits im Mittelalter. Man verstand darunter Gläubige, die sich – ohne die Gelübde abzulegen – für den Orden verwandten. Diese Bezeichnung gibt es nach der Approbation des Familiareninstituts durch Papst Paul VI. im Jahre 1965 bis heute.

Deutschherrenmeister
Haupt der Familiaren in Deutschland, dem unter anderen der Deutschherrenkanzler, der Deutschherrenschatzmeister und ein Geistlicher Beirat zur Seite stehen.

Ehrenritter
Diesen Titel gibt es bis heute. Er wird äußerst selten an besonders verdiente und hochgestellte Familiaren verliehen.

Ballei
Noch heute gebräuchliche Bezeichnung für einen Territorialbereich des Deutschen Ordens.

Quellenverzeichnis

Bergengruen, Werner: »Was dem Herzen sich verwehrte«. In: Wir Balten. Hrsg. von Max Hildebert Boehm und Hellmuth Weiß. Salzburg 1951.

Burckhart, Jacob: Gesammelte Werke. Basel 1955.

Diehm, Franz: Geschichte der Stadt Mergentheim. Mergentheim 1963.

Dolezel, Stephan: Das preußisch-polnische Lehnsverhältnis unter Herzog Albrecht von Preußen.

Deutscher Orden. Zeitschrift des Ordens für seine Brüder, Schwestern, Familiaren und Freunde. 1/1984, 2/1988, 3/1988, 4/1988 Lana/Südtirol.

Ekdahl, Sven: Die Schlacht bei Tannenberg 1410. Berlin 1982.

Eichendorff, Joseph Freiherr von: Die Wiederherstellung des Schlosses der deutschen Ordensritter zu Marienburg. Stuttgart o. J.

Fechter, Paul: Gotische Form aus dem Geist der Stauferzeit. In: Wir Ostpreußen. Hrsg. von Gunther Ipsen. Salzburg 1950.

Fontane, Theodor: Wanderungen durch die Mark Brandenburg. Gütersloh 1960.

Gasser, Ulrich u. a.: Peter Rigler. Bonn 1973.

Gruber, Erentraud: Deutschordensschwestern. Im 19. und 20. Jahrhundert. Bonn/Bad Godesberg 1971.

Gryphius, Andreas: Werke. Darmstadt 1961.

Hanstein, Rolf: Der Deutsche Orden nach dem Zweiten Weltkrieg. Bad Godesberg 1967.

Heck, Karl: Der Deutsche Ritterorden mit besonderer Berücksichtigung der Geschichte seiner Niederlassung in Mergentheim. Mergentheim o. J.

Heister, Bernhard: Elbinger Briefe (Folge 39). Berlin 1988.

Holst, Niels von: Der Deutsche Ritterorden und seine Bauten von Jerusalem bis Sevilla, von Thron bis Narwa. Berlin 1981.

Hueck, Liesbeth von: Narva. In: Wir Balten. Hrsg. von Max Hildebert Boehm und Hellmuth Weiß. Salzburg 1951.

Hubatsch, Walther: »Winrich von Kniprode«. In: Wir Ostpreußen. Hrsg. von Gunther Ipsen. Salzburg 1950.

Kant, Immanuel: Sämtliche Werke. Leipzig 1920.

Koch, Hansjoachim W.: Geschichte Preußens. München 1978.

Kotzde, Wilhelm: Der Deutsche Orden im Werden und Vergehen. Jena 1928.

Ordenskatalog 1983 der Brüder und Schwestern vom Deutschen Haus St. Mariens in Jerusalem. Bozen und Wien 1983.

Ranke, Leopold von: Weltgeschichte. 7. Teil. Leipzig 1897.

Schiller, Friedrich von: Werke. München 1958.

Schmid, Bernhard: Schloß Marienburg in Preußen. Berlin 1925.

Schneider, Reinhold: Die Hohenzollern. Köln 1983.

Tumler, Marian: Der Deutsche Orden im Werden, Wachsen und Wirken bis 1400 mit einem Abriß der Geschichte des Ordens bis zur neuesten Zeit. Wien 1955.

Ders.: Der Deutsche Orden. Wien 1956.

Ders.: Der Deutsche Orden. Wien 1965.

Tumler, Marian unter Mitarbeit von *Arnold, Udo:* Der Deutsche Orden, von seinem Ursprung bis zur Gegenwart. Bad Münstereifel 1954.

Walther von der Vogelweide: Sämtliche Gedichte. Hrsg. von Karl Pannier. Leipzig 1876.

Zacharias, Rainer: 100 Jahre Marienburg/Westpreußen, 1276–1976. Hannover 1976.

Bildnachweis

Autor und Verlag danken folgenden Personen und Institutionen für die Überlassung von Bildvorlagen:

Amt des Hochmeisters des Deutschen Ordens, Wien – *Hochmeister Dr. Arnold Wieland O. T., P. Christian Blümel O. T.*
S. 104, 109, 113, 125
dpa-Bild: S. 115
Fotografia Felici: S. 100
K. Winkler: S. 114

Bayerische Verwaltung der staatlichen Schlösser, Gärten und Seen, München – *Dr. Sigrid Sangl*
S. 74 l., 74 r., 75, 76 r. o., 76 r. u., 92, 126 l.

Bayerisches Armeemuseum, Ingolstadt
Photo Peter: S. 23

Bildarchiv Preußischer Kulturbesitz, Berlin
S. 24, 39, 46, 66 – alle Geheimes Staatsarchiv SMPK Berlin (West)

P. Cornelius Buchheim O. T.
S. 13

Deutschordenshaus, Wien – *P. Christian Blümel O. T.*
Günther Kumptner: S. 77
P. Adalberg Zöschg O. T.: S. 20

DOBA (Deutschordensbildarchiv) – *P. Gottfried Daum O. T.*
S. 43, 111, 123
Stee Walsa: S. 98
Foto Winkler: S. 99

DOZA (Zentralarchiv des Deutschen Ordens), Wien – *P. Dr. Bernhard Demel O. T.*
S. 10, 28, 29, 35 r., 73
Günther Kumptner: S. 21, 31, 35 l., 82, 85, 88/89, 116, 127

Fotografia Felici
S. 117

Anton Jaumann
S. 108

Niels von Holst
S. 48

Adam Kraft Verlag, Würzburg
S. 16, 17, 56

Kultur- und Verkehrsamt, Bad Mergentheim
S. 65, 69

Kunsthistorisches Museum, Wien
Photo Meyer: S. 60

Josef Pernter
S. 26, 76 l., 80, 120

Gerhard Rautenberg Verlag, Leer
S. 68

Schatzkammer des Deutschen Ordens, Wien – *P. Christian Blümel O. T.*
S. 30, 36, 57, 67 l., 71, 72, 90/91, 93
Marianne Haller: S. 70, 83
Inge Kitlitschka-Strempel: S. 78, 79, 126 r.
Günther Kumptner: S. 52, 53, 96
P. Adalbert Zöschg O. T.: S. 118

Foto-Schmid
S. 49

St.-Nikola-Kloster, Passau – *Schw. Amabilis Turek O. T.*
S. 105